Радојко Лако Веселиновић

ПАСИВНА ЕУТАНАЗИЈА

Роман

ПРОСВЕТА

*Овај роман посвећујем себи,
зато што сам веровао...*

... никоме се не захваљујем

1

– Да, да износ је исти, да... Слушај, од цењкања нема ништа. Унапред ти кажем, ако немаш цео износ, немој узалуд долазити... Нећу се предомислити, да... За три дана? У колико сати долази воз?... Један после поноћи?.. У реду, чекаћу те у „Пабу" ... Да, били смо ту већ једном... Да, баш тај!... Здраво.

Дуго сам се двоумио и на крају одлучио да продам „бубу", пријатеља и сапутника из безброј пијаних ноћи. Често смо били у завади, али смо се и волели искреном љубављу детета према кућном љубимцу. Умео је он да ме остави у Златарском бесПућу, да би на крају попустио и дубоким звуком трактора на измаку, дао до знања како није љут због мојих хирова, проузрокованих депресивним стањем ума. Били смо исти, помало настрани у свОјој решености да истрајемо у доказивању лидерства над упропашћеним машинама. Мени су већ једном штеповали нерве, а он је, заКованих клипова, претрпео генерално тумбање. Простор у глави испунише сећАња. У тренутку лудила сипао сам у резервоар разређивач, а он је, уз ропац пристаЈао да настави даље.

И закон је често био груб према намА. Тад смо користили невидљиве улице, знаЊе и вештину, измицали потери и задовољни одлазили у дугу бескрајну ноћ. Смејали су се лампиони неспрЕтности гониоца. Тешко је било укротити разјарену звер и са њом поистовећеног дресера.

Онда би уследили дани опуштања. Лежали смо на топлом песку поред реке затечени снопом пролећног сунца и бацали каменчиће у дворце краљице пастрмке. Мозак би напуштао лобању и привремено слободан, гутао километре васељене, наивно мислећи да је господар вечности. Несташно је скакао са планете на планету у потрази за кореном живота, а онда би настављао даље зачуђен пустињом бесконачнег вакуума. Титрале су звезде, мамећи пустолова остављеног тела у жељи да буду домаћин ненаданом госту. Све је било нестварно, оковано ћутњом, а мозак је у тону испуштао проблеме да слободни траже ново уточиште. Само смрт је била равна бескрају тишине. Обожавали смо ове тренутке немара, када, разголићене душе, бленусмо у празнину, скупљајући енергију за борбу, са гутачима снова.

Казаљка времеплова затутња кроз простор и врати се у далеку прошлост. Било је то време експанзије хипи покрета.

* * *

Градска врева окована судијама наметнутог поретка. Неприлагођени су строго кажњавани и бацани у гето истомишљеника. Тутори мисли исукаше пендреке, навукоше кошуље незнања и кренуше у одбрану сила мрака. Нажалост, несхваћени идеал, који је презирао насиље и бране, није могао проћи царине окупатора елементарних права. Деца цвећа су прогањана и проглашавана кривим за појаву либералног капитализма, или, за рат између Енглеске и енглеских колонија у Америци, без обзира на то што се то догађало у осамнестом веку. Друм је био наш дом. Плакати срамног садржаја висили су на свакој бандери. У њима се нудила одређена свота новца за главу најокорелијих хипика. Довољно је било имати дугу косу и излизане фармерке да би се на тебе обрушила бригада паора убеђена да пасеш њихову траву и тиме смањујеш постотак зелене површине недовољне за испашу рогате марве. Свака фукара је могла без одговорности скАлпирати хипика и на скалпу држати кључеве. Тако је мерило успешности озбиљног камионције била бројка погубљених хипи стопера. Доказ је, наравно, висио окачен о ретровизор кабине. Приликом ангажовања шофера, прво се гледало у ретровизор. Ко није испуњавао бонус, тешко је долазио до запослења. Квота је била минимум пет скалпова. Возачи почетници су набављали кумире на црном тржишту, а њихова цена је шездесетих била доста висока. Онда се на CNN-u појавио извесни Џ.Х. Блеки Одет са невероватном цифром од хиљаду скалпираних хипика и тиме привуКао огромну медијску пажњу. Својом изјавом оборио је цене, да би се одмах потом кренуло у лов за оним најпознатијим. Тако су живот изгубили Џими Хендрикс, Џенис Џоплин, Џим Морисон, Абрахам Линколн. Додуше, за овог потоњег се тврдило да је убијен греШком, мада постоје неки непроверени подаци да је управо он био покровитељ првих хипи колонија. Како би се умирила јавност због смрти ових великана музичке сцене, протурена је прича да их је убило претерано конзумирање наркотика, што са истином наравно није имало никакве везе. Уједно, са њиховим одласком почела је да се гаси величанствена идеја о размножавању у миру, љубави и слози. Једино се још задржала у дивљим пределима афричке џунгле, одакле је и потекла. Како? Прилив црног робља из далеке Африке у обећану Америку сматран је легалним чином на путу развоја ове напредне земље. Циљ оправдава средство. Дању су рАдили на непрегледним памучним пољима, а ноћу, у илегали, певали блуз, верујући у љубав, срећу и мир понетих из отаџбине оног дана када су их на силу отргли из недара џунгле. Многи од њих шибани до крви, изгубили су живот из само једног разлога – страха. Велики се страх намножио у грудима белих колонизатора пристиглих из, „цивилизоване Европе". Тим авантуристима, убицама и злочинцима свих врста, избеглим од руку правде, никако у главу нису ишле пароле о слободи, љубави и срећи. Сматрали су да је срећа резервисана једино за њих, а то убеђење главом су плаћали њихови робови. Отуда потиче веза Линколна са хипи покретом. Он је први схватио величину ове идеје и онда спонтано укинуо ропство не би ли отворио видике патријархалном свету. Морао је то платити главом. Тешко је сада исправити историју писану руком аналфабета режима. Међутим, ја не бринем. Поуздано знам да постоји свет паралЕлан са овим. У њему историју пише: **један човек, једним пером у једној књизи !**

2

„Буба" и ја смо данас ретки, заостали примерци прохујалог хипи времена. Са ноСталгијом их се некад сетим. На њеној хауби још увек живе један лептир и паук у својој компликоВаној мрежи, исликани мојом руком. Кад прођемо улицом, неко од „бивших" подсмешљиво окрене главу иритиран симболима, њуши, да би постиђен оборио главу и наставио даље, свестан да је издао идеју. Мисли дуго о томе, јер он је данас увАжени уредник локалних новина. Кад стигне у своју плесниву канцеларију, њему ће утегнута сеКретарица унети јутарњу кафу и упитати га својим поданичким гласом :
— Да ли сте ноћас обавили своје брачне дужности? Да ли је ваша госпођа могла да одговори вашИм прохтевима?
А онда ће згрануто:
— Ма није могуће?! Знала сам ја то! Немојте се устручавати да затражите поМоћ од мене ако вам затреба. Ја сам професионалац, школована у специјалним установама и перфектно цедим устајалу сперму из набреклих тестиса.
И тако у недоглед. Међутим, он јутрос није расположен након мучног сусрета са мном. Одсечним покретом заврће славину сладуњавих речи и испија врелу кафу не би ли оДагнао мучнину у стомаку проузроковану непријатним сећањем на скорашњи сусрет. Наравно, то не помаже. Онда скаче на столицу и одбија да дише у вАрљивој нади да ће овај маневар

окренути ток мисли од горућег проблема. Паника је ту! Марширa сигурним кораком. Исколачених очију и модрих усана „бивши'' бучно узима ваздух јер не може против искоНске жеље за живљењем. Несвесно хвата канцеларијски сто и баца га кроз прозор. Потпуно паралисаних нерава граби ка катаклизмичном лудилу. Треба му ефектна ситница да разбије застој и усели било какву мисао у блокиран мозак. НажалОст, те ситнице нема. Тло му измиче под ногама, просторија се љуља, а он пада на под са рукама на грудима у чежњи за ваздухом. Само илузија! Ваздуха иМа, али он нема мисао која објашњава начин дисања. Две речи би решиле све: удахни, издахни! Сада је све теже, нерви су без кисеоника и долази до селективног гашења. Неки су угашени трајно, а поједини функционишу неспособни да приме и реализују директиве из централе. Централа брекће услед низа малих хаварија насталих ударима нередовног дотока кисеоника. Он се праћака по поду неСвестан да постоји, а секретарица вришти пискутавим гласом. Онда изВаљује врата и бежи што даље од експлозивне масе.

Зграда се потом пуни диверзантима у белом. Тешко је савладати човЕка без разума. У њему се појављује незамислива снага које обично биће ниЈе свесно. Она кuља напоље и руши све пред собом. Сада потпуно стабилан, убрзаног даха и замагљЕног погледа, не дâ се без борбе тим патриотама за плату. Опет накарадно рођен у другом свету, где нема правила цивилизоВаног поретка, он закркља нељудски, неспособан да мисли.

* * *

Сада је жигосао говеда негде у Европи са израђеним печатом уз помоћ електрицИтета. Крдо се разбежа, у руци му оста нога угојеног детета истетоврана фаШистичким знамењем. Ужаснут, он је баци у канал, и полете папирним анђелима, произвЕденим на путу невине мисли и згужваних идеала. Анђели прхнуше увис испуШтајући воду на изгореле крстаче заривене у испуцалу земљу. Проклија из ње црна трава и прекри равницу докле поглЕд може да досегне. Намрачи се небо и притисну траву. Озлојећен, он избаци канце и поче да копа твердо, исушено тло. Зачу се јека из уТробе земље. Најдном, земља експлодира уз пригушен прасак, избацујући из себе све проклете душе лАкога морала. Полете и он увис. Одозго је могао да види како уздрмана планета подрхтава, да би се у једном моменту поцепала на два неједнака дела. Усијана лава запљусну црну траву и наЧини птице огромних очњака, спремних за клање. Атмосфером завлада смрад спосоБан да угуши свако живо биће. Птице полетеше уз стравичне крике и разјапљених кљунова халапљиво ждраше остатке устајале прошлости. Ни он више није био уплашен сматрајући сеБе делом рушилачке пошасти, пројектоване да уништи било какав траг цивилизације којој је доскоро припадао. Ослобођен окова, прЕтвори се у звер не знајући да је икада био нешто друго и поче тргати усмрдело месо потекло ниоткуд. Крв поцуре низ браду и формира зле поточиће. Потоци начинише плаховиту реку пуну љигавих створова, одојчади монструозног органиЗма изниклог из кухиње обогаљеног ума. Попуцаше бране свесног ваљајући оргaне ободом истрошене луке. На хиљаде очију отупелих нерава звецкаху низ реку ка ушћу бездана способног да прими бесциљне тркаче, скрпљене од отпада рециклиране душе. Неартикулисани гласови допираху са свих страна правећи у провалији јединствену целину. Њихов врисак подиже увис балоне крвавог садржаја, који, одлепљени од матиЦе, понеше свој заразни товар у сваки кутак преполовљене планете. Ништа није смело остати невино и чисто. Наједном се диже јак ветар и својом сил**И**ном рашчисти дегенерисани призор. Указа се пут. На њему он угледа себе као тринаестогодишњег дечака што уплашен тумара по рушевинама бившег живота. Немоћно се спотицао о остатке подеране свести и очајнички тражио водича. Посрну и паде. Издадоше га удови и самостално наставише даље. Трупло се заплака. Однекуд се зачу тиха, умирујућа музика.

* * *

— Дајте му још један коктел и за данас је доста. Остатак терапије ћу написати сутра. Очито је имао јак стрес у сусрету са нер**А**шчишћеном прошлошћу што његов ум није могао да поднесе. Дошло је до колапса комплетног организма. Нека се одмара, а ако се примири, ви га одвежите.

Начелник психијатрије затвори картон и са својим тимом настави обилазак одељења.

3

Дан растанка се неумитно примицао, а ја сам све чешће излазио на прозор гледајући крцат паркинг скупоцених аутомобила, међу којима се поносно истицала моја остарела „буба". Није се још увек подавала времену. Скривала је вешто своје године новом фарбом и старим цртежима који су истицали наше опредељење. ПромуКлим гласом брецала се на сваког ко би и помислио да је угрози. Онима на друму, свесним своје младости и жељним надигравања, прекорно је давала савете. Објашњавала је, сугестивном риком, беспредметност такмичења на асфалтУ пуном урбаних замки. Они што нису слушали, завршавали су у златиборским јендецима прекасно схвативши погубност истицања снаге за рачун брзоплетог газде. У граду су је сви поштовали. Старица се није либила ни отвоРеног сукоба када се то није могло избећи.

Једном приликом док је тихо рулала уснулим градом, са бока је удари моћни мерцедес. Прокључа уље у њеним каналима и настаде лом у ком се није назирао брз расплет. Рвали су се бесно, кидајући делове блатобрана, хаубе, фарова, браника... опседнути императИвом победе. Жилава бака није дала пардона бахатом напаснику жељном доказивања. Супротстављен годинама и искуству, мерцедес изгуби самопоуздање и поче да посустаје. Паде на леђа са сва четри точка окренута према небу тражећи последњи опроштај од љутитог газде. Задрхта као да јеца, а из мотоРа му поцуре врело уље. Жмигавац затрепта последњи пут, да би се потом заувек угасио. Замахну још једном на трен широким брисачем, а онда све утихну. Оживеше околне зграде, попалише се светла на прозорима, а грађани изађоше напоље да спонтаним аплаузом поздраве победника. Није се сваки дан догађало да некадашња лепотИца, а данас увела невеста, извојује победу над силним мерцедесом. Уморна од боја, крадом је погледала у мене, не би ли приметила трагове прекора или љутње. Знао сам шта ми ваља чинити.

Подигох је на руке, обневидео од бола, и потрчах заборављеним улицама. По глави ми се врзмала само једна мисао: „Не смем закаснити!" Одбијена од лобање, забола се у свест и подстицала чула да наПрегну физикус, не би ли истрајао у борби са несвестицом. Куцали су дамари и опомињали тело да не може против закона приРоде. Мишићи попустише, а терет отежа у мојим рукама. Зарида снага беспомоћно и замоли за тренутак предаха. ЗнОј изађе из чеоних пора са непогрешивим осећајем када треба да нападне исколачене очи. Затитра град и нестаде у маГли. Асфалтна трака ошину исцрпљено тело. Дигох се изнова и наставих даље огуглао на батине непознате улице. Бандере, тихо као лопов изНикоше из земље и сложно се обрушише на незаштићену главу. Ускоро је била украшена крвавим подливима и улепљеном косом. Душник се зачепи елАстичним шлајмом и течним ткивом одбијајући да пропусти ваздух у премала плућа.

— Љубоморна псета – дахтао сам у браду. Тргох се болесно, а онда уђох у кошмар.

* * *

Поред мене су на траци пролазили фолксвагени различитих боја и година производње. Одлучих да узмем црве**Н**и кабриолет, када ме неко повуче за рукав. Испред мене је стајао сумњив слепац са штапом у руци и неизбежним наочарима. Како ми није уливао поверење, одлучих да га игноришем. Нисам смео дозволити једном слепцу да одлучује о боји мог будућег аутомобила. Међутим, он није одустајао. И даље је покушавао да скрене пажњу на себе. Ја га онда прихват**И**х за рамена и нежно одложих у страну. При преношењу његовог укрућеног тела боље се загледах у непрозирне наочаре и запрепашћен приметих да намигује левим оком.

– Да ли слепци намигују левим оком?

Тек што помислих да ме преварило преламање светлости, када се то опет понови! То се опет поновило!!! Невероватно, али сада сам био сигуран да се поновило пошто му је око играло у ритму гузице играчице из Рија. Подигох руку са намером да му скинем наочаре и раскринкам тог лажног слепца. Он се неочекивано брзо помери и моја рука заграби празан простор. Није ми падало на памет да одустанем. Пођох одлучно напред, зграби**Х** га за лице и потегох надоле, са намером да развејем све дилеме везане за идетитет сподобе испред мене. Кожа лица ми остаде између прстију. Испод ње се указа насмешени портрет Арчибалда Кронина. Прецизним резом исекох платно и бацих га у контејнер, а у рам им**П**лантирах један од својих аутопортрета, да бих онда блиставим хируршким захватом вратио лице на своје место. Нисам се либио да све то поправим са мало лепка произведеног у млекари Ц&Г. Још једном све то преконт**Р**олисах и задовољан пожелех добродошлицу свом другом ЈА. Додуше, био је то мој лик из млађих дана, што ми је на један заверенички начин ишчашене сујете и пријало. Предуго гледам свОје збрчкано лице испреплетано борама и главом посејаном понеком длаком, да ми не би пријала појава овог пристојног младића са префињеним смислом за некултуран виц. Једино ме бринуло што шепа. Ја никада нисам храмао. Одједном се у мене уселила извесна сумња подстакнута непознатим гласом који ме подсети на иследника српске пРавославне цркве.

– Да ли се овде продају фалсификоване карте за Качер, двојако нумерисане, а склоне пропадању услед држања у влажном подруму војне зграде? – прозбори двојник.

Нешто очигледно није било у реду. За Качер се никада нИсу продавале карте. Тамо саобраћај није функционисао, а људи су путовали на коњима, или пешке. Друго, све карте двојако нумерисане одавно су избачене из употребе још у време када је Куросава путујући из Београда за Токио присилно слетео на Поникве и збуњен решио да сними филм. Пилот је закаЧио дуд испред једне куће, да би недуго затим атерирао на кров љубазног домаћина. Поглед са крова је фасцинирао знаменитог филмаџију, толико, да је одушевљен ускликнуо:

– Банзаи самурај! – одајући признање скрушеном пилоту и поредећи га са највећим јунацима предратне историје Јапана.

Док су чекали помоћ, он је направио костур будућег филма. Много година касније, пишући своје мемоаре, са симпатијама се осврнуо на овај догађај и нагласио како тај филм никада не би обишао биоскопе света да није било младог пилота, који је због своје неспретности изгубио посао. Зато ми је било нејасно како моје дрУго ја не зна за ове податке, него упорно поставља конфузна питања и тиме доводи свој идентитет у незавидан положај. Морао сам симпатије одложити у страну и преиспитати овог бившег слепца стационираног у мом лику из младости. Одлучих се за мали квиз:

— Куда иду дивље свиње? – запитах.

— Уским уличицама периферије града закрченим отпацима недојечених конзерви, лешинама паса луталица, кацама са купусом просутим 1952. и људима погинулим у немирима марта '91. године.

— Да ли је икада испитана Стопића пећина, а ако јесте, колико је дугачка?

— Пећину је испитао, седамдесетих година, Никовић Драгојло и задивљен њеном лепотом, остао да живи у њој, тако да су школски уџбеници остали ускраћени за податак о дужини њених ходника.

— Када је почео да слика Лако Веселиновић, наш савременик, и које је његово најзначајније дело?

— Са радом је почео у раној младости, а прославила га је слика „Пут у Стопића пећину''. Од тада му се губи сваки траг, па се претПоставља да је при изради овог грандиозног дела срео Никовића и остао да са њим дели неизвесну судбину.

— Која врста рибе живи у реци Приштавици?

— Човечија рибица.

ОдговОри ме коначно збунише. Било је ту тачних података, али и доста небулозе испреплетане кончићима параноје, као последице наглог прелива психе слепца у свет боја и моћи распознавања стВари без додира. Морао сам прибећи последњем тесту, па ако га прође, прихватити себе као неизбежну неминовност.

Клонирање људи подразумева микроскопски прецизне интервенције које не подносе аљкавост у самом поступку. Ако до ње дође, онда су и овакве гРешке могуће. Стога му пустих крв и наточих пола литре у пивску флашу, а анализа ће показати колико сам то доиста ја. Лабораторијски налази одагнаше сваку сумњу, али сада то више и није било вАжно. Док сам проверавао ДНК мог двојника, он је на смрт искрварио у хали фолксвагена, не стигавши да са мном подели радост изненадног сусрета. На бетону пронађох поруку писану мојом руком и адресирану на моје име.

Опраштам ти сва лутања у потрази за смислом живота, па чак и покушај да убедиш себе како свести других можеш подредити својој, ако их снагом воље натераш на стрампутицу идеје о постојању: у исто време, на истом месту, два идентична ума. Остај ми збогом. Можда једног дана створим ја тебе па се опет сретнемо. Само, без сумње у исправности учињеног.

Заплаках од стида. ИсТина ме је толико погодила да мисао о самоубиству прокрчи пут кроз нерве до реактора сулудих идеја и уз помоћ сабраће нападе језгро. Стресох се од страха и тиме одАгнах помисао о дизању руке на себе. Она нестаде у сивим ходницима мождане масе. Остатком здравих мисли кренух за том наказом, али се у последњи час предомислих уплашен од заседе. У том моменту пажњу ми привуче галама на траци. Видех дивљу хорду у радничКим цокулама како трчи према мени вичући:

– Убица, држите убицу! Пазите лево, не дајте да умакне! Покријте тунел од вентилатора! Сад је уклештен!

На моје уморно тело спустише се кључеви, радилице, полуге и споне откидајући парчад врелог меса.

* * *

Отворих отежале капке да бих угледао двоструку слику „бубе" и огромну главу забринутог мајстора, који ми стави још неколико капи воде на испуца-

ле усне. Придигох се на лактове пиљећи у њега и промрмљах храпавим гласом:
– Може ли?!...
– Уз мало среће и нешто резервних делова биће све у реду. Само да знаш, милиција те тражи и тврди да си побегао са места удеса. Одмори се мало, а онда иди и потражи доброг адвоката.

Вратих мисли уназад на протекле догађаје, а онда одахнух презриво, присетивши се смрсканог мерцедеса и буљука сведока.

И данас пловимо улицама града, а грађани окрену главе да пригодним климањем поздраве редак примерак лима који је мерцедес председника суда отерао на Татинац, гробље кућних љубимаца.

4

Ноћ је. Упињем се да погледом проникнем у мрак. Кад би бар Месец отворио срце, сечивом моћне планете раздерао облаке и показао изгубљени пут којим ваља поћи. Овако, стојим беспомоћан, а киша са јаким ветром само што није почела. Радо бих да се вратим, али не знам где?

– Ако сам пошао из тачке А и стигао до тачке Б, а при том утрошио сат времена... Математика ми никада није била јача страна.

– Исусе, где сам?

Ветар ми односи шешир и гута га ноћ. Крупне кишне капи добују у једноличном ритму по збуњеној глави. Крећем без циља само да бих раздрмао удове отечене од несвакидашњег протока крви кроз проширене вене. Осетих јак бол, а туп удар ме подсети да сам наишао на препреку тврђу од моје конструкције. Седим ошамућен на смрзнутој земљи и дрхтавом руком трљам отеклину изниклу дуж чела. Без жеље да устанем и наставим даље, напрегох апарат у гнезду од костију са намером да сазнам ко сам ја заправо? Ударац је био јачи него што сам могао и претпоставити, мада искрено мислим да и пре њега нисам знао своје порекло. Биће да сам пастир залутао у негостољубивој планини. Ако је то тачно, где ми је стадо? Бол попусти и зачух шум из непрегледног мрака. Киша се полако претварала у снег, а пахуље запретише да зазидају моје згрчено тело. Испружих руку и напипах камен са намерОм да га хитнем у правцу једноличног шума. Камен полете и запара тмину самој себи тешку. Резак звук пуцања стакла обрадова моја отупела чула навикла на сате беспрекорне тишине. Упали се на стотине светиљки. Схватих да сам у предивном парку приватног поседа, испред куће уређене по стандардима западног света. На огромном паркингу угледах мноштво аутомобила затамњених стакала међу којима се истицала моја неугледна ,,буба". На основу виђеног закључих да се налазим на непознатом пријему. Улазна врата се широм отворише, напоље изађе униформисани господин и пође према мени. ПомоЖе ми да се придигнем, отресе снег са мога одела и упита:

– Шта ту радите, забога, домаћин је забринут за вас!

– Чекам Годоа! -прозборих осорно.

– Али он је већ одавно ту! Молим вас пођите унутра да се загрејете.

Пођох уз његову помоћ, збуњен сазнањем да се унутра налази човек кога нису дочЕкали ни сви његови пријатељи у позоришним салама широм света. Иза мене оста Панчићева оморика коју је бивши председник у част свога сарадника засадио још далеке '56. године. Сватих ко је домаћин.

После удара у оморику, од кога ми остаде необорив доказ на челу и након уласка у кућу, напољу су се издешавале многе чудне ствари.

Безлична гомила до тада стопљена са мраком у дну стабла, сада се помери и уз помоћ руку усправи на ноге. Причека још мало да одагна вртоглавицу, а онда завуче руку у џеп. По нервозним покретима могло се закључити да није нашла оно што је тражила. То је узнемири толико да је без контроле превртала џеПове цепајући успут похабани штоф. Наједном застаде и одахну. У једној руци јој засија упаљач, а у другој је држала изгравиран сат добијен за двадесет година понижавајуће службе. Погледа у њега и тихо прошапта:

– Време је!

Он врати сат у џеп, оцени дебл**О** и невештим покретима ненавиклим на верање крену ка густој крошњи. Снег је и даље падао са намером да прерасте у мећаву. Споро је напредовао. Удари ветра отежавали су његов положај, а љигава кора подстицала је мисао како никада неће стићи на врх. Тежина тела ло**М**ила је суве гране, али он је уз псовке настављао даље проклињући невреме, мада је знао да му је оно неопходан савезник. Скупи последње атоме снаге, изби на врх стежући га грчевито у страху да се не сломи његова танана конструкција и врати га на поч**Е**тни положај. Дахтао је нервозно на крају пута ишчекујући изасланика природе да дође по њега. Наједном, севну моћна муња, да би у наредном моменту био на њој. Небом се заваља огромно камење, гром полете и треском удари у стабло од кога оста само пањ у диму. Муња устукну у облаке носећи лагани терет са собом.

Клечао је ск**Р**ушен пред ногама бившег бога, бивше земље. Његово лице није обећавало ништа добро.

– Значи опет си га изгубио, бога ти!?

– Да... Онај баксуз је ударио главом у вашу оморику. Док сам се сабрао, њега су увели унутра.

Био је то мој двојник.

Прођосмо кроз ходник иск**И**ћен фотографијама на којима се видео лик са ловачком пушком и многобројном пратњом око себе. Униформисани момак отвори врата од сале за пријем и ја стадох задивљен призором раскоши и сјаја. У дну сале доминирао је огроман камин у коме је горела тако привлачна ватра. Црвени тепих простирао се дуж просторије не покривајући једино подијум за плес са неколико живахних парова на њему. Зажмурих необразовано не бих ли дао времена зеницама да се скупе, парализованим нападом велике количине светлости на њихов осетљив систем. Поново отворих очи и угледах мноштво света за столом преПуним јела и пића. Иза стола се налазила бина са углађеним музичарима. Нешто ми је ужасно сметало, али у првом тренутку нисам могао докучити шта. Одједном ми сину! Подигнуте руке распојасаних гостију, са венцима цвећа око главе, речито су говориле да они певају, певају колико им грло дозвољава. Међутим, до мене није допирао ниједан гЛасак. Дигох поглед на музичаре. И они су бесомучно ударали по својим инструментима не би ли удовољили песмом опијеној господи, али ја не чух ниједан акорд, чак ни тон. Певали су безгласни певачи, а свирали музичари без звука. Покушах да се саберем и закључим ко су ове веселе бадаваџије. Велика количина цвећа ме наведе на помисао: Деца цвећа! Моја слабост! Међутим, почетно одушевљење брзо спласну. Хипици не иду уз гламур. Наједном ми паде копрена са очију и разазнах поједина лица. У челу је седео домаћин, проверени весељАк са многих пијаних журки, а лево и десно његови партијски истомишљеници.

Негде сам записао да је родоначелник хипи покрета био Абрахам Линколн. Колико је то тачно оставићу другима да просуде, међутим, стоји чињеница да је једини легитимни наследНик те сјајне идеје, комунистички покрет, смишљен у главама двојице маторих хипика, Маркса и Енгелса. Они су први схватили величину мисли свога претходника и приступили моделовању драгоценог наслеђа. Наравно нису могли знати да ће изазвати поделу на две врло јаке струје. Моћници су погрешно протумачили њихове суптилне идеје и заузели радикалан став погодан за јачање имперИје и спутавање било ког вида демократије. Друга струја исправно је схватила понуђени модус, прогласила се хипицима (пролетерима) и кренула у унапред изгубљену битку за једнакост. Врло брзо су остали без даха, а комунизам са понеким хипи симболом (као што су венци цвећа око врата домаћина и већине гостију) остаде да живи у доста заведених земаља.

Сада ми је све било јасно. Некако сам са више симпатија гледао на сурогате „деце цвећа" и одлучио да им се неизоставно прикључим. Велики проценат жена учврсти ме у уверењу да је моја одлука исправна и потпуно примерена овом тренутку. Требало је одабрати партНера довољно способног да прати мој, по злу познати тенор и ускладити вибрације гласних жица са њиховом безгласном песмом. Загледах се у уста домаћина, како бих извео закључак о пореклу дивне арије достојне оваквог скупа сенилних стараца и дама од којих се може још штошта очекивати, иако године прете на времешном клатну исцурЕлог живота. Оно што видех на основу отварања уста нимало ми се није допало. Одједном, спласну моја жеља за песмом отрцаног рефрена коју су они презентовали са толико жара, ни сами не верујући у речи декадентног текста:

– Америка и Енглеска биће земља пролетерска!

Окренух се према музичарима одлучан у намери да променим устајали репертоар и згрануто констатовах да они свирају неку сасвим другу мелодију чудног садржаја, мени однекуд познату. Судећи по њиховом отварању уста, разабрах ове речи:

Зонтлама нантал деренке, деренке торбун черенке, черенке сасав егмаје, егмаје агва тремпаје.

Напрегох сећање преврћући ликове мени знаних песника, да би на крају под словом Т-е испливале нејасне контуре зачараног поете из Пожеге, дугогодишњег роба својих уклетих стихова. Знајући га, био сам сигуран да не би волео да гледа мрцварење својих коНтраверзних рима. Очито није имало потребе да проверавам парове на подијуму за игру. Сигурно су и они плесали по измишљеном такту у збуњујућој жељи да се наметну непостојећем селектору по систему, што траљавије то боље.

– Какав скуп очајника! – помислих у себи. – Опусти се и поједи нешто. Можда ћеш се пуног стомака осећати боље и наћи начина да помогнеш овом невероватном скупу, мада је било тешко поверовати да им се може помоћи.

Раскош и сјај нису били довољни да прекрију паучину заборава, кључног непријатеља нЕкад моћног клана. Сада су рушевине историје скупљене на једном месту, не би ли песмом из кутије пуне промашаја осликале дане помућене свести. Њихове грешне душе учинише да занеме, без обзира колико се упињали да пробију конструкцију армирану младим ткивом која води у боље сутра. Имали су довољно година да није имало сврхе враћати их клупама школе у предграђу где би обновили градиво из кључног предмета: – КаКо не угрожавати интегритет појединца и гајити у њему љубав за слобпду мисли. Једина могућа помоћ у овом тренутку била је опроштај. Сажалити се и опростити им све луде потезе поникле из саможиве жеље за истицањем свога ЈА.

Најдном се кроз салу зачу тих, заједљив смех који ми одјекну у ушима као хука дивљег водопада. Прекинух да једем и окренух се одлучан да нађем извор звука у тишином набијеном ваздуху. Ушуњах се у сваки лик понаособ тражећи рецидивисту довољно вештог да изигра моја чула и приреди прворазредну шалу у овој туробној средини. Међутим, они су, задубљени у своју безглаСну песму, били неспособни за поимање стварности, тако да ја ову малу издају слуха приписах аветињском амбијенту. Задубљен у мисли, наставих да безвољно превршем по храни, када се смех понови. Овог пута обогаћен јектавим звуцима човека принуђеног да се бори за ваздух истиснут из туберкулозних плућа. Скочих агресивно да пронађем скота и испитам дубину његове везе са екс господарима бича довољно дугачког да заклони сунце милионима људи. Успут оборих столицу и попех се на сто ослобођен страха да ће ме стићи казна због недопустивог понашања у присуству тако угледних званица. Бољи преглед ми омогући да сагледам целокупну просторију и камин крај кога угледах мршавог, згрченог човека у похабаном капуту пребаченом преко подераних панталона. Очигледно је и њега добрано закачило невреме, па се скврчен, држао топлог камина чекајући да мраз напусти испошћено тело. Сиђох са стола и одлучним кораком крЕнух према њему. Затече ме јека чизама по подијуму за плес, али то ме не поколеба у намери да сазнам са ким имам посла. Када приђох ближе, он устаде и испрси своје голе, кошчате груди. Закључих да је за читаву главу виши од мене. Целокупна његова појава са рашчупаном косом и необријаном брадом указивала је на скитницу без дома осуђену да вечно лута међупростором паралелног света.

– Ко си ти? – зачух свој нервозни глас.

– Годо. Ја сам Годо. Режисер ове морбидне представе.

Уплашен, одскочих уназад. Истовремено сам процењивао озбиљност испијеног лица овог човека, с обзиром на тежину изговорених речи. Морао сам остати прибран. Нисам смео дозволити мислима да побегну и оставе ме паралисаног пред чврстим погледом оронулог вагабунда, свесног своје предности стечене после представљања. У томе му поможе и моја сметеност, изазвана значајем изговореног имена. Засметало ми је то што сам озбиљно схватио личност испред себе и респектовао је унапред с обзиром на њен физички изглед пројектован у моју свест. Тако сам ја замишљао Годоа! Био је то он! Помислих да је најпаметније да задржим онај минимум достојанства преостао после сазнања са ким имам посла и покушам да се бар представим.

– Ја сам писац – истиснух неповезано.
– Писац?! – прозбори подсмешљиво и изви леву обрву.

После краће процене од које ме подиђоше жмарци настави:
– Писац. Могуће, сви писци су исти.
– Али, откуд ви овде!? Вас чекају у позоришту – извалих без икаквог смисла.
– Зашто?! Ником ја нисам обећао да ћу доћи, па не видим ко би то могао да ме чека!
– Ваши пријатељи! Владимир и Естрагон – наставих да изваљујем глупости.
– Ааа... они! Ха... – насмеја се мојој сметености, али ипак одлучи да настави започети дијалог.
– Никада ја нисам био близак са њима. Ти смрадови су пуни смећа. Олош, обичан олош.

Ове речи пољуљаше моје климаво самопоуздање и наста дуга, мУкотрпна пауза у којој се расплинуше сва она непостављена питања годинама спремана за ову прилику. Мучило ме је што он има тако лоше мишљење о својим пријатељима, или је редитељ погрешно протумачио Бекета и направио промашену представу. Очајан, цупкам у месту и безнадежно тражим реченице разбацане по јаругама испражњене свести. У глави наста вакуум, већи од вакуума у капсули астронаута. Затитраше на стотине балона у боји и сватих да губим разум. У том моменту до мене допре спасоносни глас. Ваљда је ОН протумачио безнађе у мојим очима и одлучио да преКине агонију на помолу. Зграбих понуђени прикључак за стварност пресрећан да могу испратити смисао датог шлагворта.

– Ааа... шта ти то пишеш, пишче? Поезију, прозу, или нешто треће?
– Јааа... ја...драму, пишем драму.
– Ха, драму! Сви ви драмски писци сте искомплексирани гадови. Мислите, кАко сте имали тешко детињство са оцем алкохоличарем и мајком курвом, а не знате да постоји нешто горе. Нешто као што сам ја! Изгубљен у времену и простору, без наде да се формирам у опипљиву материју са породом и генерацијским наслеђем испред и иза себе! Тумарам за фрустрираним ликовима из ваших драма по измишљеним градовима, непрегледним пустарама, бесмисленим ратовима, подводним световима, а ти ми причаш о Владимиру и Естрагону као да једино они некога чекају. Забога, „чекају те у позоришту!" Пишам се ја на позориште, а и на све ваше драме заједно са Бекетовом.
– Али, аллли ... вас публика обоЖава и баш би желела да види ко сте ви заправо.
– Јадна будало!
– Како... зашто... ја... ја?..
– Ти рече да си писац. Узми папир и оловку па ме опиши. Годо је једна фигура без значаја, тричави бескућник склон алкохолу и лаким женама. То ће за публику и читаоце жељне бомбастих трачева бити интерЕсантно.
– То није тачно! Ето, ја знам да то није тачно... не могу тако... тек тако да...
– Шта не можеш тако? Ти само мислиш како ћеш да зарадиш пишући, истину или лаж, свеједно! Ликове креираш по свом нахођењу не водећи рачуна о аутентичности описаних догађаја. Питаш ли се да ли

ћеш при том некога повредити, оклеветати, дирнути у интиму и учинити га менталним слабићем!? Не, тебе се то не тиче.

Једно време је подозриво, испитивачки пиљио у мене, а онда, ваљда задовољан појавом идиота-писца (како ме је окарактерисао на основу мог понашања и израза на лицу), одлучи да настави.

– Да ли је моја душа заглављена у трње које изазива бол, умни бол, или ме гута устајали смрад вековних лешина о које се спотичем безосећајно се трудећи да убризгам отров у ваше невине ликове док не огуглају и постану комад изгубљене хорде побеснелих симбола као део ишчашене свести ваших верних читалаца? Да ли?! Не знаш.

– Е, зато ја правим овакве представе (при том показа руком на салу) у којима очито не можеш да се снађеш, несигуран у оно што видиш. Ето, мислиш ли да си полудео?!

– Не ... не знам... зашто... како полудео?

– Ха, ха, ха ниси сигуран, а играш се речима блиским лудилу. Немој ово што ћу ти рећи да схватиш као претњу. Данас сам добре воље, а и ти ми изгледаш пристојно па ћу ти дати један савет. Клони се писања, да не пређеш линију, коју, ти добро знаш. Ја те и тамо могу посетити, само што ћу тада бити другачији у твојим очима, али пази, само у твојој свести. Не доводи разум у беспотребне дилеме и живи једноставно. Не мораш баш ти проницати у тајне бесконачног умовања. Тешко је бити Бог. Немогуће, скоро немогуће. Ха, видим ти у очима да се хваташ за реч СКОРО. Заборави!

– Ви сте ме погрешно оценили, ја не... ја сам...

– Ти си обичан дрек, заборави!

– А шта ћемо са културним наслеђем ове земље, ако сви уметници напусте свој позив и издају љубитеље новог, напредног...

— Слушај, ако већ мораш, пиши о продаји свог аутомобила. То је тема за капацитет твог ума. Књига ће бити читана захваљујући огромној већини која је твог интелектуалног нивоа, а свест ће ти остати нетакнута, без иједног ожиљка. Висока је цена сазнања. Изгубићеш све оне мале радости и туге које човека чине срећним. Укаљаћеш живот знањем, а после ће бити касно. Молићеш свевишњег да бар за трен опет будеш дете чији мали ум тек почиње да учи. Презираћеш незналице, али им и завидети у исто време. Кад будеш пожелео да се спустиш на њихов ниво, неће те разумети. Сматраће те, у најбезболнијој варијанти, чудаком. Онда ћеш се вратити на свој пиједестал и схватити да си сам. Самоћа је суров непријатељ. Тада ћеш пожелети да нестанеш, да се заувек ослободиш нагомиланог знања. Побуниће се маса у лобањи, претоварена цифрама, подацима, формулама и све ће одједном избацити наПоље. Ако преживиш, биће ти потпуно свеједно који је дан. Зато поведи своје мисли у шетњу, па када се заиграју, ти побегни што даље. Рецепт је добар, тражи много одрицања, али ни дебела жена без одрицања не може да смрша.

— Надам се да се шалите. Сами сте рекли како је дечији ум у рођењу невин и да треба да учи.

— Да, да шалио сам се. Нажалост, за тебе је касно. Остаћеш три пута сам. Једном кад досегнеш врх сазнања, други пут кад полудиш, за обичне људе довољно је и једном, а то је када напусте реалан свет!

Ове речи ме потпуно самлеше, али ипак одлучих да још једном покушам одбранити свој неуверљив став.

— Теорија вам није лоша, међутим ја се не слажем. Коефицијент интелигенције свих...

— Знам, знам. Мислиш да си налетео на праву особу од које се може нешто сазнати и похранити у мождане ћелије. Ти би да се са мном надмећеш и провериш колико сам уопште интелигентан или само изговарам научене фразе неког писца из неког романа, теби непознатог. Код вас обичних љУди дух је очигледно везан за тело. То је у мом случају апсурд и несагледива предност. Током година бесциљног лутања мог духа кроз време, сретао сам многе велике умове и сурово се обрачунавао са њима. Ја одбијам да капитулирам пред најездом артикулисаних мисли и пласирам своје прогресивне антитезе, које у генералној анализи копају раку свакој свесној активности и доводе свест саговорника у фазу резигниране тупости. Тиме их стављам у подређен положај својствен немоћним медиокритетима. Наравно, то теби не бих препоручио. Додуше, свест као сензибилитет остаје да живи у њиховим умовима, али само као плод најпримитивнијег облика живота. Зато се не упињи да на мени испробаваш оштрицу свог ума. Доводиш себе у опасност да већ данас осетиш снагу неорганског насталу ни из чега. Хоћу да кажем да сва исТраживања и теорије које се мотају по твојој глави треба да заборавиш и вратиш се у реалност. Ја обично нисам терапеут, али данас чиним изузетак. Искористи то и иди стазом просечности, где је корак сигуран, а клизавице ретке. Иреално препусти мени, циничном несрећнику осуђеном да лута. Рећи ћу ти још и ово. Семјуел је био растројени тупација. Када је писао култну драму, нећу наслов ни да јој поменем, остао је без јасне идеје. У својој немоћи пала му је на ум једноставна мисао. Зашто му јунаци, депримирани као што је и он био, не би чекали у бесконачност. Том, морам рећи оргиналном идејом, спасао је свој образ, а драма је постигла сензационалан успех.

— Ако је све тако, где сам ја сада и како из овог лудила да се извучем?

— Налазиш се у виртуелном свету коме, надам се, не желиш да припадаш. Треба да верујеш како не видиш оно што видиш и тиме постанеш свестан свог постојања. То ће те извући и вратити материјалном. Не можеш на силу бити део нечег што не постоји. Поцепај карту коју имаш у џепу и све ово заједно са мном ће нестати, а ти ћеш бити код куће. Ниси способан да каналишеш разјарену машту акумулирану на периферији свести. Она ти је неприметно окупирала централу. Стога се муваш овим простором мрачног вилајета где господари лудила чекају приучене филозофе како би им одрезали примерену казну. Неоспорно, имаш некаквог искуства, климавог, али ипак искуства, но, то није довољно да се носиш са геноцидним алама жељним ломљења несигурних интелекта. Криза постојања не подразумева деструкцију система већ аларм за бољу организацију и дисциплиновање поколебаних идеала притиснутих зачећем необјективне мисли. Пронађи модус за усклађивање фригидних мисли и емотивног набоја и добићеш средину, златну средину, гаранцију да ћеш мисао водити кроз време без већих хаварија. Балансирање на жици не води никуда. Непријатељ ће ти успавати опрез, а онда је пад објективна неминовност. То наравно боли. Тупа бол у мозгу са траговима трулења виталних функција. На теби је да одлучиш. Погрешиш ли, нећеш стићи да се кајеш.

У глави ми је звонило од бујице нових сазнања поткрепљених чињеницама. Али осећао сам, без обзира на усељени страх, да не могу отићи пре него што рашчистим неке нејасноће због којих, ако одем сада, сигурно ноћима не могу заспати. Жудња за одговорима превлада и усудих се да запитам:

– Како ћете ми објаснити откуда познајем већину ликова из ваше представе и зашто се на неки начин осећам позваним овде?

– То је бар просто, они су остаци историје за коју се веома интересујеш. Њима је очајнички потребан представник у материјалном свету. Својим занимањем за њихову прошлост и тражење историјских грешака ослабио си одбрамбени механизам који те штитио од промашене идеологије ових људи. Како ми повремено измакну контроли, они пронађу емотивце сличне теби не би ли их придобили за своје интересе. Толико су застранили да и сада, у паклу дотрајалих мозгова, мисле да могу утицати на токове напретка демократског света, а опет, мени су симпатични у својој тврдоглавости, па често одвојим време да се поиграм са њима. Ти си ваљда уметник и не би требало да те интересују политичке теме, ни прошле, ни будуће. Окрени се око себе и заувек заврши са тим. Каналиши свој таленат, ако га уопште имаш, и пиши љубавну поезију. Тако ћеш убедити себе да знаш, иако не знаш, да си геније, иако ниси, али и то је боље од несувислог лутања по заршеним лавиринтима људског ума. Питање је да ли се геније уопште рађа или га праве његови савременици пошто су им неизоставно потребни хероји. Питање је шта је оригинал, а шта фалсификат. Можда је окужени фалсификат заправо оригинал јер живих сведока нема, а људима који се баве том врстом истраживања није веровати. Углавном су то недоречени „уметници" кивни на околину без слуха. Преврћу по делима ко зна којих бића без имена, а потом по свом нахођењу стварају своје идоле. Праве им бркове и брију браду, секу уши и шишају косу, како би на крају формилали свог генија који по правилу личи на њих. Затим долазе њихови наследници. Надобудни, жељни свог дела колача, они руше тезе претходника и прокријумчаре неки други лик, а онда величају његово сумњиво дело.

Одједном Годо се разгоропади, изгубивши ваљда стрпљење, шчепа свињску главу са стола и баци је на мене. Глава ме погоди у груди, одскочи и откотрља се низ ходник. Кренух збуњено према капији тражећи карту у џепу.

Стајао сам поред отворених врата снегом покривеног волксвагена и погледом претраживао околину. Киша је одавно престала, а нагорели пањ оморике још увек се димио указујући на место где је гром у свом дивљем налету искалио нагомилани бес. Све је било тако стерилно да се запитах да ли сам још увек ситни, прозаични део ове негостољубиве планете или већ одавно лутам једноличним висоравнима футуристичког декора неког лудог сценографа. Затворих очи у покушају да похватам мисли разбацане по кутовима мозга не бих ли добио целину довољно јаку да ми објасни шта радим овде и куда даље да идем?

Жеља за самоћом и лутањем по местима у која не залазе трезвени људи често ме гурала на ивицу бездана, да би са данашњим даном кулминирала у невероватном призору уклештеном између стварности и маште.

Насмеших се у жељи да протекле догађаје припишем хроничној несаници која ме пратила протеклих дана. Затим се још једном осврнух у намери да кренем насумце одабраним путем, када угледах оглодану свињску главуџу како завренички пиљи у мене. Свет потону. Притисак ми скочи, а недовољно опорављене мисли затражише брзо решење. Подигох лобању, а на ум ми паде недавно одгледана представа Шекспировог „Хамлета" Била је то потпуно идентична ситуација. Загледах се бојажљиво у црне рупе где су се некада налазиле ситне, паметне свињске очи и проже ме слутња од које уздрхта цело тело. Колена поклекнуше без снаге да задрже отежалу мускулатуру. Мисли се чврсто загрлише. Још једном нађоше начина да збију своје редове одлучне да остану у целини и не дозволе негативан уплив параноичних визија поодавно фелеричне маште. Из мрачних дупљи огуљене главуџе као да проби продоран поглед илузионисте Годоа, мајстора хаотичних приредби и убогог путника кроз време.

Потпуно прибран, другачије гледам на протекли разговор без намере да сазнам да ли је он био стваран или плод претеране жеље за тражењем успаваних немира у свакоме од нас.

Замахнух руком и свињска лобања у луку одлете у оближње жбуње. У лету се зачуо шапат специфичног нагласка и пренео последњу поруку:

– Браво, тако треба. Срешћемо се ми још! Ха, ха, ха... – или је то био само звиждук ветра у проласку кроз отворе избељене главе.

Кренух низбрдо истрошеним сеоским путем који се ненадано указа под точковима захуктале машине. Ускоро избих у Турицу, предграђе Ужица. Из главе ми никако нису излазиле последње речи, ако су уопште мени упућене. Негде дубоко у себи и ја сам прижељкивао поновни сусрет.

5

— Имаш новац?!... Сутра долазиш?... Знам, знам у један после поноћи. Искрено, прижељкивао сам да ћеш отказати куповину овог old timer-а и приуштити ми задовољство да се још коју годину бламирам са њим... Поправио сам... да. Међутим то не значи да није за пензију... Не, нисам га фарбао. Хипи симболи још увек стоје на њему, непоправљиви носталгичару... Како да не. Јуче сам тумарао по ужичком крајолику и све теже ми пада помисао да се морам одрећи дугогодишњег пријатеља. Будан доживљавам фазе својствене болесном уму... Позориште? Стоји на истом месту... Да, радим. Вечерас имамо премијеру па се управо спремам да наПустим кућу... Шта играмо? *Чекајући Годоа*... Да, Бекета... Хвала... Здраво.

Требало је да пођем, а ја сам одуговлачио са одласком. Из главе ми никако нису излазила свежа сећања на сусрет са господином Годоом. Он је напречац окупирао моје мисли и заузео почасно место намењено за особе сличних интересовања и усађеног осећаја за несебично давање драгоценог савета. Сада отворено могу рећи, тешко да би тај матоРи јарац опет могао пољуљати темеље моје животне филозофије, мада сам очито зазирао од могућег сусрета. Додуше, нисам видео разлог његовог доласка у театар с обзиром на то да је изјавио како га презире из дна душе, као и Самјуелов неуспели покушај да у свом комаду дâ карактер његовом лику. Не знам зашто, али сам имао трему већу него сви глумци и редитељ заједно.

У клубу седим за столом упадљиво сам, и подозриво буљим у лица позваних гостију не бих ли у неком од њих приметио маскирану појаву старог лицемера, мајстора за све видОве ишчашеног гега. Није га било или га ја нисам препознао у једноличним лицима извештачених манира. У сваком случају, нисам дозвољавао да било ко седне за мој сто под изговором да чекам неког врло битног за моју будућу каријеру. Наравно, нико ми није поверовао, на шта сам ја грубо реаговао уз образложење да чекам Годоа. То изазва салве смеха које ме бацише у очај.

– Откуд оволика количина негативне енергије и шта се са мном уопште догађа? – запитах се свестан необичности тренутка.

Опет, када сам последњи пут призивао Годоа, он се уистИну и појавио. Ово сазнање усади у мени већ видљиву панику и ја скочих одлучно решен да одем у салу и заузмем своје место. Циљ ми је био да разбијем сваку помисао везану за тај фамозни лик. Насмејах се труду да разјединим ускомешане мисли које сам углавном сакупљао по, традиционално, растројеној свести.

У холу претпремијерна врева, што ме опусти и учини да привремено заборавим на облик досадног тумора, илегалног становника моје лобање, који се будио само при сусрету свести са самоћом. Зато се потрудих да будем што бучнији, мада свестан иЗненађених погледа присутних гостију затечених мојим неуобичајеним понашањем.

– Значи, тако то изгледа!? – помислих у себи и присетих се недавног дијалога: „Самоћа је човеков најВећи непријатељ. Када будеш хтео да се спустиш на њихов ниво сматраће те, у најбезболнијој варијанти, чудаком."

Да, људи су навикли да ме виде углавном самог, задубљеног у своје мисли и овај ненадани излив причљивости изгледао је, у најмању руку, као безвредни покушај окорелог намћора да постане напрасно дружељубив. То сазнање ме потпуно обесхрабри и ја се тихо повукОх у интимно осветљену салу. Расејано сам тражио своје место у чему ми поможе, увек претерано нашминкана и непоправљиво љубазна развођачица.

– Ваша карта гласи на седиште број десет, ево ту, у овом реду.

– Карта! Каква карта, ја сам карту поцепао – успаничих се при помену карте.

– Све је у реду, карту су вам поцепали на улазу, пронаЋите седиште са бројем десет и лепо се опустите. Представа ће почети за десет минута. Пријатно.

Посрамљено се провукох између седишта, киван што сам дозволио да ми развођачица показује где треба да седнем. Пронађох број десет, скидох капут и тромо се спустих, уморан, а да нисам знао од чега. Поглед незаинтересовано процуња салом, а ондА се бесциљно спусти на празно место до мене. Најeдном, уплашено поскочих. Седиште је било нумерисано бројем десет.

– Немогуће, лично сам нумерисао седишта. Два седишта број десет не постоје!

Још једном проверих иза својих леђа не бих ли отклонио сваку забуну. Сада сам био сигуран, пред очима ми је титрала бројка хиљаду десет, две десетке спојене у једно. Хиљаду десет са цртицом у средини. Изгубих контролу. Панично се окренух око себе у ишЧекивању да се појави он. Ово може бити само његово масло, само ОН уме да прави овакве забуне.

– Уразуми се! – узвикнух за себе и опет скренух пажњу препуне сале.

Публика, што је у притајеном жамору тражила своје место, најeдном застаде запрепашћена изненадним испадом и зачуђено погледа у мене. За њих сам био страно тело, неразумни изгредник. Спустих главу свестан своје кривице и сам увиђајући да ово није нормално. За мене више није било мира. ПрИтајио сам се привремено, кришом зверао у седиште број десет. Очекивао сам да се сваког трена појави висока сподоба у дугачком капуту са неизбежним шеширом на глави и проговори надмоћним гласом:

– Шта је пишче, имаш проблема?! Бескрупулозне су мисли концентрисане на ћудљиву моћ поимања безначајности у односу на супротстављену снажну имагинарну личност.

– Шта ја то радим?! Опет у глави стварам простор који ме ставља у подређен положај и чини да се осећам беспомоћно.

Прикупих ноге под седиште, завалих се уназад и уздахнух дубоко у жељи да бар изгледам опуштено ако већ нисам имао унутрашњег мира. Светло се угаси, публика умири, а завеса лагано побеже увис што је био знак да представа управо почиње. Још једном погледах у седиште до мене и умирен концентрисах мисли на праћење исфорсираног комада, урађеног за непуних двадесетак дана. Нисам био присталица вишечасовних проба које су изнуривале глумца и утицале на квалитет представе.

Трачак светла обасја дечака који пропагира позоришни репертоар – ППП (позоришно пропагандни програм.)

ДЕЧКО: Желим вам пријатно вече. Баш ми је драго да сте се окупили у овако великом броју, па вам овом приликом могу пренети нашу понуду (*Смеје се*), баш као на пијаци. (*Нагло се уозбиљи*) На репертоару имамо свега десет представа (*У поверењу*). Глумци су нам лошег здравља. Биће да је епидемија веничних болести. Већ двадесет трећег овог месеца у деветнаест часова и тридесет минута можете погледати... (представе се рекламирају према постојећем репертоару)... Сигурно се нећете покајати. Нисам сигуран да представа има паузу, али ако је има делићемо семенке. (*Намигује.*) Наше симпатије су на вашој страни. Желим вам угодно вече. (*Одлази у трку са сцене.*)

Светлост обасјава просценијум, на њега излази Реља (Поцо), нервозно растеже конопац у руци, говорећи само њему разумљив монолог себи у браду. Запетља нешто око дрвета, јединог комада декора на сцени, да би се недуго затим изгубио у тами хинтер бине. Музика утихну и означи крај увода. Светлост се појача.

Иза завесе излазе Јакша (Естрагон) и Шавија (Владимир) у жучној расправи о праву првенства аутомобила, који на раскрсници скреће десно у односу на возило из супротног смера. Расправа у једном тренутку достиже врхунац и прераста у оштру свађу потпомогнуту једва чујним звуком полицијске сирене.

ЈАКША: Зашто се уопште трудим да те уразумим када сви знају ко је првак драме и ко има приоритет при проласку кроз ту јебену раскрсницу?

ШАВИЈА: Твој културни допринос исцељењу ране зване необразованост не подразумева и обавезност бахатог понашања у строго прописаним правилима урбане средине. Искрено говорећи, ако баш желиш да ти пљунем истину у лице (*при том пљуне Јакшу*), онда би Годо имао штошта рећи на ово твоје саможиво присвајање права уласка у преоптерећену раскрсницу, а сигурно ни полиција не би остала равнодушна.

ЈАКША: Не помињи ми тог матороg курвара! Прочитао сам скоро негде шта он мисли о нама. Веруј, ништа добро. Назива нас олошем и тврди да пријатељи никада нисмо ни били, а ми га чекамо данима у овој вукојебини као да немамо паметнија посла

(*краћа пауза*). Још ми није вратио новац када смо пре извесног времена ручали ћелав пасуљ са мирођијама.
ШАВИЈА: Са Годоом? Ћелав пасуљ?
ЈАКША: Да, са Годоом. Пасуљ без меса. (*Подсмешљиво.*) Нисмо сви одгајани у аристократској средини навикнутој на надевене фазане и рибе без костију (*театрално*). Онда из хира пожелимо да се бавимо глумом, отплачемо тати како у глуми видимо себе и своју блиставу будућност. Тата болећив на плач свог сина јединца, окрене неколико телефона и ето нама неталентованог глумца.

ШАВИЈА: Да ли ти то циљаш на моје порекло, простачино!? Сви знамо како си цвилио код управника, као штене без зуба, да те прими у прву групу резервисану за прваке. Као, ја носим репертоар. Носиш ти, али тацне на сцени, пошто једино можеш да играш конобара, без текста. Ако ти дају текст, онда заборавиш мизансцен и стојиш као укопан где се затекнаш. Као момчић на смотри рецитатора основних школа. Последњи пут када си заблокирао у превеликој жељи да покажеш величину свог талента, морали смо да импровизујемо и правимо од тебе прализовану приказу не би ли те некако изнели напоље.

ЈАКША: Види, види! Леп је ток добила ова дискусија. Баш фино, никада не бих сазнао одакле дува ветар кроз пусте пољане наше и доноси смрад голог дечака који кења поред рупе за то прописане. Не хајући што је кажњиво. Без обзира на утицајне претке заслужне за нелегални проток новца кроз државне банке.

ШАВИЈА: Хоћеш да кажеш да су моји родитељи лопови?!

ЈАКША: Не, не... Таман посла. Они су баш радили, баш се накулучили. Кулали су новац у подруму новосаграђене виле на Златибору. Зато вам кућа личи на Кеопсову пирамиду. Као да живимо у Египту, јеботе... Прецртаће нека оловка и ваше презиме. Онда ће зазвонити телефон у позоришту. Са друге стране жице зачуће се гласић твоје мајке, узгред, још увек држеће јахачице полугладних студената и саопштити: – Наш Саша је добио кијавицу и данас не може доћи на пробу. Заправо, не само данас, неће уопште доћи. Селимо се у други град! Тада ћемо знати да смо се отарасили још једног шмиранта, гнусног производа подмитљиве средине.

ШАВИЈА: Колико се сећам, ми смо неки други текст учили за ову пробу, Јакша, али када смо већ кренули ђоном, онда морам покушати да вратим твој ретардирани мозак уназад и подсетим: ко је играо Џемса Тајрона у „Дугом путовању у ноћ"?

ЈАКША: Ти.

ШАВИЈА: Ако ме сећање не вара, ти си драмио стону лампу. О, Боже како смо се слатко смејали. Потпуно непокретан деведесет минута. Па то је много и за тебе тако оштећеног ума.

ЈАКША: Не заборави да сам добио аплаузе већег дела публике.

ШАВИЈА: Ко каже да глумац игра за публику?

ЈАКША: Ја играм.

ШАВИЈА (*одмахује руком као да нема времена да начиње нову тему и наставља*): Као врхунац свега, док смо после представе покушавали да те дозовемо себи и натерамо крв да проструји кроз вене, трчао си кући у костиму, Исусе, човека лампе, како би саопштио жени радосну вест: Имам је, добио сам улогу која има тежину. Био си у праву. Ако си хтео да будеш физикалац, није требало да долазиш у Позориште. Грађевинско предузеће је преко пута.

ЈАКША: Е, сад је доста, ти подмукли гаде! (*Вади однекуд мач и напада Шавију.*) Немаш ти муда да би тако охоло насртао... на мене... Тешко да ће те вешти хирурзи саставити... кад завршим ... са тобом. Кретен сам... што сам те прихватио у колектив... када ти не заслужујеш ни место чиновника... у управи прихода... а да не говоримо о улози... Владимира у Годоу и то још уз мене!

ШАВИЈА (*брани се. Они наизменично пробадају један другога, али ипак остају на ногама*): Одавно ... чекам на ово... У тебе је инсталирана... толика охолост... потхрањена пијаним... сликовитим говорима... уз одобравање недаровитих полтрона... да си стварно умислио ... како ти овде делиш улоге. Можда у клубу... када се попењеш на сто... па изговараш монологе из представа ... у којима си желео да играш... али ти није дозвољавао... твој скромни таленат. (*Заједљиво.*) Немој да се нервираш Естрагоне... брзо ћу окончати твоју агонију... и посебно наплатити... за моју девицу маму.

ЈАКША: Ха, ха, ха... девица мама... Када смо те први пут одбили на... аудицији... а ти лежао на психијатрији... девица мама је у соби хотела... са мном утаначила трасу... твоје будуће каријере. Тако си добио и ангажман и многе улоге... Наравно ... кроз собу су морали проћи и... остали чланови... комисије.

ШАВИЈА: О, божији страдалниче... цело позориште и пола... града зна за твоје склоности... према дечацима... Зато те жена и оставила... није желела да ... свету брачну постељу дели са... дупејепцем... поганим изданком... од друштва одбаченог соја.

ЈАКША: Је ли? (*Застаје.*) Је ли то и твоја мама... рекла!?

ШАВИЈА: Није Јакша. Она... ми је скренула пажњу... да не вучем за собом... идиоте недостојне нашег презимена... а ти си био са мном.

ЈАКША: Вероватно... ти је и тата ... нешто слично рекао?

ШАВИЈА: Тата нема времена за ... смрадове... попут тебе.

ЈАКША: Нема... не може ни имати када је презаузет... јурњавом за курвама... из Међаја.

ШАВИЈА: Стварно? Ти си баш информисан... зашто не отвориш шалтер... Могао би лепо да зарадиш... овде ионако... само губиш време.

ЈАКША: Кад смо већ код ... курви... онда ти морам рећи ово... Она риба коју сам ти наместио... пре неколико дана. Има оволики досије у заводу за веничне болести. (*Зауставља се и показује дужину мача.*)

ШАВИЈА (*стаје и он*): Шта хоћеш тиме да кажеш?

ЈАКША: Ништа. Само, мислим да је дугачак списак оних које је она до сада заразила. Гонорејом, сифилисом, јебем ли га, не знам тачно.

ШАВИЈА (*бесан, наставља са борбом*): Гаде исфрустрирани!

ЈАКША: Још увек траже... несрећнике ... који су имали ту срећу да... спавају са њом. Рачунам да још није ... касно... ваљало би отићи на време.

ШАВИЈА: Ма дај, где ти живиш! Сифилис се... данас лечи са... две... три... инјекције... чак и... у другој фази. Него... знаш код аналног односа... Чуо си ваљда... за сиду. (*Стаје и диже обе руке у вис.*) Да се разумемо. Немам ништа против твог приватног живота, али (*укрштају опет мачеве.*) не знам... како да ти... како то... (*Застаје.*) Кондом је баш добра ствар. (*Наставља са мачевањем.*) Још нешто! Негде сам прочитао... да Кинези решавају.... акумпунктуром тај проблем... у зачећу. Мада си ти у одмаклој фази. Знаш... без обзира на твој скромни таленат... ти си ... јавна личност... и ... мораш повести рачуна о својој репутацији.

ЈАКША: Чуј... не смем да се закунем... али... имам утисак да се ово отегло... Зато морам... да приведем крају ову... компромитујућу фарсу... једним...

ефектним... (*У том моменту на сцену улази избезумљени редитељ. Јакша и Шавија престају са обрачуном.*)

РЕДИТЕЉ: Да ли сте ви нормални!? Да ли сте... Шта? Ко вам је... ма откуд... ти мачеви? Где вас је мајка само родила? У лудници или у породилишту? Како...

ШАВИЈА: Мене у породилишту, уз помпу. За њега... чисто сумњам.

РЕДИТЕЉ: Овде се ради Бекет... Чекајући Годоа!.. Како, како сам себи дозволио да упаднем у овај међусвет? У овај кошмар. (*Хвата се за косу.*) Лаковеран, ја сам лаковеран. Лепо су ми говорили да не идем у гнездо полуписмених, извиканих глумаца, али ја хоћу да искрварим за сваким пeдљом просветљења и ето, ето, како ми се враћа. Укинућу вас, укинути! Завpнућу црева овој институцији. Гнезду учауреног неморала са свим показатељима нехуманог односа према овом божанском послу. (*Сада већ почиње да глуми.*) Зачуће се вапаји до неба! Кажем вам до неба! Министарство културе ће чути за ову срамоту приређену мени, мени утемељивачу пристојног театра! Мени, последњој брани пред навалом узурпирајуће авангарде! Мени, оличењу непоколебљивог присташе затурене класике!

ЈАКША: Оде он... (*Показује у небо.*)

ШАВИЈА Оде.

РЕДИТЕЉ (*и даље блуди*): Направићу од вас колону марве на којој ће блистати белег, вирусом неодговорности заражених појединаца, међу којима ћете бити и вас двојица. (*Спушта се на земљу, потсмешљиво.*) Еј, шта радите? Естрагон и Владимир! Ха. Виђао сам којекакве глупости, али... Ма ко ми вас?... Управник, управник је гарантовао за... (*Покушава да им отме мачеве.*)

ЈАКША (*не да мач*): Само моменат. Брзо ћу ја

њега да... (*У покушају да зада одлучујући ударац пробада редитеља. Овај покошен пада на под. Прискаче Јакша и даје му вештачко дисање.*)

ШАВИЈА: Нећеш ваљда... нећеш ваљда пред оволиким светом. Уосталом имам утисак да је престар за тебе.

ЈАКША (*пушта редитеља као да се опекао*): Немој... немој Шавија сада кад... Боље да нешто... (*Обојица се укоче и гледају у жену која се костимирана појављује на сцени.*)

АНТИГОНА: Нек буде шта буде! (*Прилази редитељу.*) Нећу се кајати, већ свог брата часно сахранити. Иначе не бих могла мирно живети, јер своју реч не мислим погазити. С тим светим грехом нека и ја умрем. Бар ћу знати да са Пољником трунем. Боље је да доњем свету угодим, него да се грозно живећи проводим. За мене је част најважнија на свету, стога не кунем своју судбу клету. Свесна сам да је оно што чиним са тим, поштено и свето боговима свим. (*Лагано излази са сцене, редитељ се придиже.*)

ЈАКША: Шта... шта ово?.. Рече ли да јој је... овај... (*Показује редитеља.*) ...брат? Брата сахранити? Иначе не би могла мирно живети!?

ШАВИЈА: Пољинко, зар се тако зове? А ја мислио... Можда му је то... надимак из детињства! Ха, док су одрастали негде уз... Пољинко. Добро, супер. Па Пољинко хоћемо ли радити, ха... или да...

РЕДИТЕЉ (*устаје са пода задивљен*): Дивна креација... сјајно, грациозно, ово је предивно... (*Окреће се овој двојици.*) Какав Пољинко, кретени. Пољинко, Антигонин брат. Била је то Антигона, Анти-го-на. (*Узбуђено.*) Невероватан осећај за простор, како се само креће, лакоћа, неподношљива лакоћа... Рођени таленат. А тек глас, желим да је месим, вајам, усмеравам њену каријеру!

ШАВИЈА: И ја би, богами. Леп комад.

ЈАКША: Ако му је сестра... навући ћеш гнев...

РЕДИТЕЉ: Желим да загосподарим њеним бићем. (*Показује за приказом.*) Ово је глума! (*Разочаран.*) Шта ћу ја са вама, ушинутим кловновима, неспособним да пратите пулс оверених мајстора сценског говора и до танчина исклесане радње. Мука ми је од вашег пренемагања и бирократског односа према овом креативном послу. Овде, ту, треба да до изражаја дођу емоције! Емоције дубоко присутне у вама. (*Занесено.*) А онда у правом моменту све то јаким, експлозивним гестом избацити напоље. Осетити тренутак, а не чекати да вам суфлер ода тајну игре вашег срца. Ако ви то немате у себи, залуд напамет научени текст и укрућено, прецизно лутање по сцени.

ЈАКША: Чекај, чекај... полако. Молим вас, немојте нас доводити у ситуацију да се осећамо кривим за вашу неспособност владања задатом темом.

ШАВИЈА: Опет овај. Тешко да ће рећи још нешто паметно. Мада овог пута има право.

ЈАКША: Можда је Бекет ипак превелик залогај, ако смем рећи, за ислуженог редитеља попуцалих капилара, склоног нагонима својственим алкохоличарима.

РЕДИТЕЉ: Јуххх...(*Потпуно ван себе.*)

ЈАКША: Ја сам овде првак и то стоји. Ви сте добро знали, када сте долазили, са каквим капацитетом располаже овај ансамбл. Ко вам је сугерисао да Шавија може да игра Владимира то не знам и нећу да улазим у то, али мене оставите по страни.

ШАВИЈА: Опа, опа! Умишљени првак опет истурио рогове па хоће да боде. Оле, оле! (*Прави покрете као на кориди.*)

РЕДИТЕЉ: Оставићу ја тебе по страни, тако да нећеш заиграти ни код једног редитеља који иоле држи до свог угледа. Пустићеш корење чекајући улогу!

ЈАКША: То ћеш ти да завршиш?

ШАВИЈА: Хе, ево расплета. Пошто је већ једном играо лампу са абажуром, могао би лако да се уживи и у улогу дрвета, ту је мајстор. (*При том показује на дрво.*) Сви његови квалитети би дошли до изражаја, а верујем да ни лишће не би изостало. Поред тога, има ту и неких чисто психичких проблема. Јакша оволики текст никада не може да научи, а како је мало наглув, од суфлера нема помоћи. Тако да практично од њега имате само трупло. А када бисте покушали да проверите количину и садржај његове лобање, без лупе не бисте сазнали да тамо уопште нешто постоји. Била би то узалудна потрага. Што се тиче Естрагона, ништа не морате бринути, први ко наиђе, одиграће то боље од њега.

(*У том моменту на сцену улази домар општинског суда прерушен у возара Стјепана. Сви пиље у њега*)

РЕДИТЕЉ: Ко је тебе побогу послао овамо? Како си само... шта је ово... шеталиште, корзо... ко си ти уопште?

ДОМАР: Ја сам возар Стјепан.

ЈАКША: Мени личиш на домара општинског суда.

ШАВИЈА: Као поручен, решили сте проблем Естрагона! Из ока му бије интелигенција, ваш проблем је решен.

ДОМАР: Не знам ја ни за каквог Естра... мени су... мене је... ја... ја сам возар Стјепан! Ако могу... то би било... не знам...

ШАВИЈА: Јакша, имаш среће, коефицијент интелигеније овог тупана, домара ли, или возара Стјепана, тоне испод твоје скале. Баш имаш среће. Мислио сам да је немогуће надмашити тебе у такмичењу за пехар даровитих будала. Али, од данас имам мало боље мишљење о теби. Невероватно, нееевероватно!

РЕДИТЕЉ: Вуци се напоље, човече! Излази! (*Покушава да га изгура напоље. Овај се опире.*)

ДОМАР: Ја сам возар ... ја не вучем... ја... ја ...

РЕДИТЕЉ: Излази напоље, излази! Боже не могу више. (*Гледа у небо.*) Помози да се овај кошмар заврши.

ЈАКША: Чекај, чекај мало. Виђао сам ја тебе у општинском суду. (*Прилази му и покушава да скине вештачке бркове.*) Ха, рекох ли ја!

ШАВИЈА: Цссссссс... како се само нађоше?

ДОМАР (*љут*): Ма, не може то... сунце ти богово. Како ћу... (*Намешта бркове, који комично висе испод носа.*) Знаш ли ти ... па они ће...

РЕДИТЕЉ: Који они? Ко те је послао овде? Биће све у реду... (*Помаже му око бркова.*) Само реци како си доспео овамо. Чија је ово шала!? Реци ко те...

ДОМАР (*успева да намести бркове, стаје мирно*): Ја сам возар Стјепан!

ШАВИЈА: Стани, чекај, полако. Са њим се сигурно не може на силу. Где вам је смисао за комбинаторику и тактику!? (*Обраћа се возару.*) Реци ти нама возаре... Схватам, схватам, ти си Стјепан, возар Стјепан. Дај нам испричај, возаре Стјепане, који је повод да нам се прикључиш у овом по нас неизрециво срећном тренутку? Да ли је љубав према глуми била преломна да смогнеш снаге и дођеш на наша врата, или можда треба да нам пренесеш неку поруку? Што је исто тако важно. Не мораш журити, сконцентриши се и испричај нам који је твој проблем.

ДОМАР: Проблем? Ја немам, мене... мене ништа... ја, ја сам...

ШАВИЈА: Знам, знам... знам ко си ти, али то није довољно да овај скуп закључи чему треба да захвалимо што си нас почастио својим доласком у храм богиње Талије... кућу специфичне харизме која мами својим....

ЈАКША: Шавија, ти си дефинитивно одлепио! Јееебо... Ти мора да си на некој хемији. Ха, комбинаторика, тактика... Зар не видиш да је човек потпуно сјебан и сигурно не разуме ни реч од твог излагања. Избаци тог домара...

ДОМАР: Ја сам возар Стјепан!

ШАВИЈА (*Јакши*): Не прекидај ме идоте! Немој да рушиш мој ауторитет и тек стечено поверење! (*Опет домару.*) Дакле, лепо ти нама реци храбри човече, а сигрно си храбар чим си одлучио да дођеш, који тебе ветрови нанеше овамо? Да ли...

ДОМАР: Ветрови... не разумем ... ја...

РЕДИТЕЉ: Ако још једном каже да је возар Стјепан, убићу га... убити... тако ми бога, убићу га!

ШАВИЈА: Смирите се и пустите мене да већ једном решим овај Гордијев чвор. Немојте...

ДОМАР: Чвор? Гордијев?

СВИ: Чвор, да чвор!...

ДОМАР: Их, чворове ја везујем... Мој чвор... кад ја вежем, ааа, то не може нико да развеже... не може! Ни тај Горди... не може. Не може боље од мене... само ми дајте...

ШАВИЈА: Нико овде од тебе не тражи да везујеш било какве чворове. Желимо од тебе да сазнамо једну ситницу. (*Изнервиран.*) Како си овамо довукао своје дупе и ко те је послао!? Не, не! Знам ко си. Возар Стјепан...

ДОМАР: Па шта онда хоћете?!

ШАВИЈА: Ууууух, ух.... ништа... ништа. Полако...

ДОМАР: Ништа?.... ни ја нећу... онда је све... посл...

ШАВИЈА (*хвата га за уста*): Ћут, ћууут... не говори... Моје стрпљење је на критичној тачки и прети експлозијом. Било би то погубно за тебе, зато ћути... сачекај...

ЈАКША: Шта би са тактиком финих...

ШАВИЈА (*скаче на Јакшу*): Ћут... и ти... ћуууут. Престаћу да контролишем своје удове. Биће онда мртвих... мртвиххxх... Начисто мртвих!

ЈАКША (*брани се*): Ма... пусти ме... Шта ти је. Прво да решимо шта ћемо са овим овде... домаром... па ћу онда да се са тобом...

РЕДИТЕЉ (*раздваја завађене*): Прекините! Прекините обојица... Ти... ти не спомињи више домара. Шта ... видиш да смо потпуно слудели човека. Немој више спомињати ту реч... Нека је нико не спомиње... ни ја... нико!

ЈАКША Како да је не спомињем кад знам... (*Прилази домару и скида му бркове.*)

ДОМАР (*укрућен, војнички*): Ја сам домар општинског суда. (*Сви занемели гледају у њега.*)

ЈАКША: Рекох ли ја... Домар општинског суда. Одмах сам га препознао. Па, домаре, добро је. (*Тапше га по рамену.*) Напредак, велики помак напред, велики. Још само да нам кажеш... (*Лепи себи бркове и укрути се војнички.*) .... Ја, ја сам возар Стјепан! (*Сви гледају у њега са неверицом.*)

РЕДИТЕЉ: Ти, ти увек мораш да играш негативца. Увек си био негативац. У ком се патолошком свету налазиш? Чему скривање, одувек сам знао да си са оне стране. Ти знаш на коју мислим. Мрачњаштво је морало испливати на површину. Било је питање времена, и ето... сада овде имамо комплетног идиота. Тааако... браво, браво. Више нема потребе да потискујеш настраности које чуче у теби! Браво!

ШАВИЈА: Ха, ха, ха... Никада их није ни потискивао.

РЕДИТЕЉ: Да да, то си ти! То је твоје лице! (*Ненадано скочи на њега.*) Је ли ти то мене зајебаваш?! Нашао си моменат! Ти... ти... Естрагон... знаш, Естрагон! Нисам ја психијатар да лечим ваше нагомилано лудило. Лудило у вама од гена предака! Шта хоћете, шта вам је циљ?! Да знате, ја сам свој хонорар већ узео. Могу и да идем. Нема проблема. Да одем, Естрагоне!!

ЈАКША: Ја сам возар Стјепан.

РЕДИТЕЉ (*види да његов говор нема ефекта*): Изрод, ти си изрод!! У ствари, ја више не знам ништа. Домар, возар, Естрагон... (*Диже главу.*) А, ко си ти, Шавија? Је ли, бога ти, ко си ти? Да можда ниси и ти возар, домар, Владимир... добро Владимир... у реду, у реду... Додуше више ме не може...

ШАВИЈА (*у ставу мирно*): Ја сам Годо!!!

РЕДИТЕЉ: Годо?!

ШАВИЈА (*једно време одржава напетост, а онда се смеје*): Добро, добро немој одмах да пениш. Шала, то је била мала шала.

РЕДИТЕЉ: Шала?! Теби је до шале!? Овде имамо две психопате, а господину је до шале! Па добро човече, имаш ли ти срца, дај упристоји се бар ти. (*Разочаран.*) Завера, ово је завера. Завера са циљем да се прекину танане нити мојих нерава. Да утихне суптилно куцање мог срца, да мој ковчег... Е, нећете!!! Кован сам ја од чвршћег материјала него што ви можете и замислити! Биће на крају како сам ја одлучио. Ја ћу решити ко је, и домар и Поцо и Срећко... Владимир, Естрагон... Све ћу ја решити! Не може свако држати редитељску палицу. Ваљда је то јасно!!!

ШАВИЈА: Тише, еј, мало тише. Јасно је. Него, шта ћемо са овом двојицом? (*Прилази Јакши.*) Који ти је курац Јакша? Дај...немој се више зајебавати, доста је. Зар не видиш да је овај (*при том показује на редитеља*) на ивици живаца. Хоћеш да обојица заглавимо дисциплинску? Дозови се, па да окончамо овај циркус.

ЈАКША: Ја сам возар Стјепан.

ШАВИЈА: Возар?

ЈАКША: Да, возар Стјепан!

ШАВИЈА (*прилази домару*): А ти? Ти си домар општинског суда, или си се предомислио па сада хоћеш да будеш возар?

ДОМАР: Не... у ствари...да, ма не...ја сам воз... домар и носим... (*Завлачи руку у унутрашњи џеп и вади плави коверат, међутим, Шавија вади пиштољ, зачује се пуцањ и домар пада на под.*)

ШАВИЈА: Е, тако. Ово смо решили. Домара смо елиминисали, а сада да видимо ко си ти!? (*Прилази Јакши и одлучним потезом скида му бркове са лица.*) Певај, ко си ти?!

ЈАКША: Ја сам Естрагон... (*Шавија подиже пиштољ.*) ...чекај, шта ти је? То сам ја, Јакша! (*Окреће се око себе.*) Шта уради. (*Тражи мач, а онда схвата да нема шанси.*) Полако... смири се. (*Уноси му се у лице.*) Јакша, еј Јакша!

РЕДИТЕЉ: Алал вера, ефикасно нема шта.

ШАВИЈА: Зовите домара да изнесе ово говно.

РЕДИТЕЉ: Домара!? Немој опет...

ШАВИЈА: До-ма-ра! Нашег домара!

ЈАКША (*прилази убијеном, угледа коверат, сагиње се и подиже га са пода*): Какво је ово писмо? Шта је ово?

(*На сцену улази Реља (Поцо) и води Срећка на конопцу. Не види покојника.*)

РЕЉА (ПОЦО): Ђи - Ха! (*Затеже конопац.*) Цурук! (*Наклон.*) Да се представим: Поцо. (*Јакша и Шавија полазе према њему.*) Чувајте се, он је зао према непознатим особама. (*Угледа леш, гледа у њега, види да нешто није у реду.*) Је ли то он? (*Показује леш.*)

РЕДИТЕЉ: Ко?

РЕЉА: Како ко... је ли то...

РЕДИТЕЉ: Реља, немој и ти ... ако ме запиташ је ли то домар или ...возар...

РЕЉА: Домар?... Возар...Зашто? Је ли то Годо?

РЕДИТЕЉ: Годо... уф... Годо... убићу те...
ШАВИЈА: Овде ја одлучујем о...
ЈАКША: Зато што је то домар. Домар општинског суда. Мислио је да га нећу...
ШАВИЈА: Ти зачепи! Слушај, Реља. Овде су се догодиле извесне ствари... Ово јесте домар, али...
РЕЉА: Догодиле ствари... Зар вас двојица не чекате Годоа и сада ми улазимо... откуд домар?
ШАВИЈА: Просто домар!!! Појавио се човек ниоткуд и... ето...
ЈАКША: И ето...
ШАВИЈА: Рекао сам да завежеш!!! Јебем вам матер! Писне ли још ко... (*Млатара револвером.*) А ти (*Показује на Рељу.*) ...товари овога дом... на Срећка и терај напоље! Јасно?!
СРЕЋКО: Зашто на мене? Нисам ја...
ШАВИЈА: Зато што ти овде играш кљусе !
СРЕЋКО (*вуче мртваца*): Кљусе... ако статирам, не значи да треба да ме сви јашу... па још и неки дом...
РЕДИТЕЉ: Не помињи његово занимање. Овде је то... (*Гледа Шавију.*) Плаћа се главом.
ШАВИЈА: Аде, ајде и не зановетај! (*Окреће се Јакши и редитељу који гледају писмо.*) Шта је то?
ЈАКША: Писмо.
ШАВИЈА: Видим да је писмо! Отвори и види од кога стиже то писмо.
ЈАКША (*отвара писмо*): Одмах да сте престали са том лакрдијом. Зар не видите да је све измакло контроли? Моментално прекидајте. П.С. Стижем. (*Диже главу.*) У потпису, Годо!?
(*Мрак. Само један рефлектор на дечка који рекламира позоришни репертоар.*)
ДЕЧКО: На репертоару, због смрти глумца, имамо свега девет представа. Већ двадесет деветог овог месеца можете погледати комедију... у режији... са

почетком у... Ако сте нестрпљиви да резервишете карту, можете то учинити после представе. Надам се да уживате, мада сигурно није леп призор видети убиство са предумишљајем. (*Одигра кратку зачуђујућу игру.*) Пошто сам лепо васпитан, бар овде на сцени, желим вам још једном угодно вече. (*Излази са сцене, мрак.*)

Већ први дијалог између Владимира и Естрагона узвитла немире у мени. Затекох себе како блесаво држим руку на седишту са бројем десет. Насмејах се, некако кисело. Како је предСтава одмицала, моје расположење догура до критичне тачке опасне по опстанак нервног апарата. Требало је прекинути ово срамотно распеће Самјуеловог дела, али ми на ум паде мисао да могу изазвати бес овде присутне господе која се очиТо добро забављала. Но, ја сам знао чија рука држи конце марионета на сцени и диригује изманипулисаном публиком.

Зашто он ово ради? Можда због мене? Можда је љут, па се уселио у моје мисли и само мени пројектује искРивљене слике овог комада? Али зашто се онда публика слатко смеје? Можда се не смеје, можда само ја видим да се смеје!?

Све ово ми је пролазило кроз главу док сам рАзмишљао како да развејем привид и освестим публику, мада би најбоље било да се појави он и да у пријатељском разговору учинимо крај овим смицалицама. Знао сам да су мале шансе, скоро никакве. Поготово не међу оволиким светом и не у позоришту, али од непредвидивог особењака, склоног скандалу, могло се увек очекивати за прса више од логике која нешто друго налаже. Комплетна атмосфера је говорила да је он присутан, присутан у бескрајној игри. УсХићени коментари нису јењавали, што ме опет наведе на помисао да сам његова једина жртва, ако се то уопште може жртвом назвати.

Можда ми чини услугу? Жели да се опустим и прикључим веселој маси грађана којој је вечерас решио да приушти тренутке ишчашеног хумора, довољно доброг за миран и удобАн сан.

Одлучих да из другог угла гледам комад. То би био начин да га заварам и убедим да његово присуство не представља терет значајне садржине. Тргнух руку са седишта уз френетичан аплауз и пригодну вику. У тренутку исхитрене предаје таласу лажних осећања, приметих да салу прекри нападна тишина и прекорни погледи присутних по други пут беше упрти у мене. Одушевљење спласну. Клонух у сада неудобно седиште сасвим ситан, толико ситан да ме прогута кожа и сунђер. Салом се зачу тихо негодовање. Прсата развођачица између редова доплови до мене и забринуто упита:

Да ли сте добро, господине? Желите ли можда на свеж ваздух?

Одмахнух главом, свестан немоћи и туђе владавине мојим осећањима. Салу прекри мрак и други чин непознате представе управо поче.

Сеоски друм. Вече. Естрагон седи на ниској хумци и покушава да изује ципеле, хукће. Улази Владимир. (Шавија.)

ЕСТРАГОН: Неће па бог!

ВЛАДИМИР: Почињем да капирам то гледиште. Целог живота сам настојао да га се отарасим, говорећи себи: „Владимире, буди разуман, ти још ниси све покушао", и настављао сам борбу. (*Естрагону.*) Дакле, опет си ту.

ЕСТРАГОН: Јесам ли?

ВЛАДИМИР: Мило ми је што си се вратио и што те видим. Мислио сам да си заувек отишао.

ЕСТРАГОН: И ја сам то мислио.

ВЛАДИМИР: Најзад смо опет заједно! То морамо прославити. Али како? Дижи се да те загрлим.

ЕСТРАГОН: Немој сад. (*Међутим Владимир прилази и почиње да га грли.*)
ЈАКША: Који ти је мој... (*Гура га.*)
ШАВИЈА: Извини, деконцентрисан сам. Никако да запамтим мизансцен.
ЈАКША: То си раније мени приписивао, ето ти га...
ШАВИЈА: Добро, добро извините колега! Мало ми се... но, добро. (*Концентрише се и наставља.*) Може ли се знати где је његова висост преноћила?
ЕСТРАГОН: У једном јарку.
ВЛАДИМИР: У јарку! Где?
ЕСТРАГОН: Тамо.
ВЛАДИМИР: И нису те макљали?
ЕСТРАГОН: Макљали? Разуме се да су ме макљали.
ВЛАДИМИР: Увек иста група?
ЕСТРАГОН: Иста? Не знам.
ВЛАДИМИР: Кад помислим само на то... на све ове године... питам се шта би било са тобом... да није било мене... (*Одлучно.*) Ти би сад био само једна гомилица костију. Ту нема да мислиш.
ЈАКША: То би ти волео?! Знам. То!
ИСПИЦИЈЕНТ (*наглас, чује се у публици*): Па шта онда?
ШАВИЈА: Волео, па шта? Пусти моја осећања. Чујеш ли ти инспицијента? Касније ћемо о томе шта бих ја желео. Прати текст. Играј! Немој да опет...
ИСПИЦИЈЕНТ (*наглас*): Па шта онда?!
ЕСТРАГОН: Па шта онда?
ВЛАДИМИР: То је много за једног човека. (*Пауза.*) А опет, каква вајда од тога ако сада клонеш? – кажем ја себи. На то је требало да мислимо кад је свет био млад, тамо двадесетих година.
ЕСТРАГОН: Јао, престани да лупеташ! И помози ми да скинем ово чудо.

ВЛАДИМИР (*занесено*): Да смо онда заједно, загрљени, скочили са Ајфелове куле, међу првима. Тада смо били угледни грађани. А сад је већ много касно. Сада нас не би пустили ни да се попнемо.(*Прилази Естрагону и помаже му око ципела.*)

ЈАКША (*изнервиран*): Шта то радиш идиоте!?

ИСПИЦИЈЕНТ (*наглас, чује се у публици*): Шта то радиш? (*Појављује се на сцени.*) Ш-т-а т-о р-а-д-и-ш. Шавија, то је твој текст. Без идиоте, и престани да петљаш око његове ципеле. Ти њега питаш... (*Показује на Естрагона.*) Шта то радиш?

РЕДИТЕЉ (*упада на сцену из публике*): Шта то радите!? (*Окреће се испицијенту.*) Шта ти радиш овде? Хоћеш можда да режираш? Излази напоље, напоље! Јесмо ли се договорили. Без прекида мајку му!...

ИСПИЦИЈЕНТ: Немојте да се дерете на мене. Добро, добро излазим. (*За себе.*) Без прекида, тешко, тешко. Овде нико не зна текст.

РЕДИТЕЉ: Па добро, мајку му... зар није било доста циркуса? Ово је позориште, а не циркуска шатра!

ШАВИЈА: Како не када овде имаш арлекина.

ЈАКША (*скаче*): Ја арлекин! Ја који сам играо у свим значајнијим представама... Ја који...

ШАВИЈА: Ха, опет драмски тата...

РЕДИТЕЉ (*ван себе*): Доста, доста обојица! Јесте ли свесни да због ваше свађе све иде у пизду материну, а месеце мукотрпног рада прождире ваша бескрајна сујета! Сујета, камен спотицања свих мизерних глумаца! Сујета, гробар амбициозних пројеката и кочница напредне мисли. Можете ли ви то да превазиђете и тимским радом покажете да имате минимум талента. Минимум! Овако даље не може. Не може и тачка!

ШАВИЈА: Ти да си... не би радио месецима на...

Како да покажемо када он увек преглумљује. Хоће да буде у првом плану, цена га уопште не интересује, као ни квалитет представе. Ставите га испред портала, што ближе публици и он ће бити задовољан па макар ништа не изговорио. И још нешто, да не излази са сцене. Тако он замишља позориште.

ЈАКША: Слушај, ти протуво! Позоришни клозет вапи за твојом мокраћом. Још се ниси у њега поштено ни испишао, а већ пропагираш визију, забога, модерног театра. Ја озбиљно мислим да је то дубока криза залуталог детета између кулиса, неспособног да пронађе излаз. Нама једино остаје искрена нада да ће доћи његов биг тата и извести га уплаканог напоље. Исто онако како га је и увео.

ШАВИЈА: Да, да и то. Зар је битно…

РЕДИТЕЉ: Не одузимајте ми време! Немам ја времена за вашу фрустрирану идеологију саткану од приземног цинизма и јајарских подметања.

ШАВИЈА: Какав интелектуални речник…

РЕДИТЕЉ: Само хоћу да истерамо ово до краја, па ако треба, наћи ћу замену за вас двојицу.

ШАВИЈА: Да није…

РЕДИТЕЉ: Није Шавија, није. Нећу на сцени мудраце и промашене интелектуалце пуне гована. (*За себе, погледа упереног негде у даљину.*) Бити мудрац, значи себично прикупљати знање векова. Довољно је у најбољим годинама свему се чудити и то је сасвим добар рецепт за мудрост. Е, да, бити пре свега човек. Биће широких схватања, спремно да разуме и прихвати сваку врсту посртања, своје, пороцима склоне расе. А кад од лудовања изгубљени клону, показати им пут.

(*Кратка пауза, а онда се Јакша и Шавија бацају редитељу пред ноге и у глас певају.*)

ЈАКША, ШАВИЈА (*у дуету*): Учитељу, учитељу, погледај у своје залутале ђаке.

Узми нас за руку и поведи путем просветљења,
Не дозволи да ум у мраку пати.
Погрешна су била наша уверења,
Грешну душу на прави пут нам врати.

РЕДИТЕЉ (*згађен узмиче уназад*): Ух, незахвални дилетанти! Комичне креатуре! Ето, ето то сте ви. Човек се труди да вас нешто научи, да из вас извуче максимум, а ви правите од тога дискутабилне шале које пристају једино аматерима испред сеоске задруге. Дуг је пут вашег просветљења.

ШАВИЈА: Ви ћете нам помоћи да...

РЕДИТЕЉ: Трагедија је у томе што ћете остати мали провинцијски глумци, без жеље да стасате у громаде великог калибра. Као што су...

ШАВИЈА: Као што су: Ричард Бартон, Марлон Брандо, Грегори Пек, сер Лоренс Оливије...

РЕДИТЕЉ (*снено*): Да, да, сер Лоренс.

ШАВИЈА: Мики Руни, сер Ентони Хопкинс, Марчело Мастројани, Шаљапин (*Успављују га обојица.*)

ЈАКША (*наставља*): Милош Жутић, Цига Јеринић, Бата Стојковић, Драгомир Фелба, Љуба Тадић...

РЕДИТЕЉ (*придремао*): Хуууу... То је музика за моје уморне уши.

ЈАКША: Стево Жигон, Бранко Плеша, Зоран Радмиловић, Петар Краљ...

ШАВИЈА: Ивица Краљ...

РЕДИТЕЉ (*трже се*): Ивица Краљ?

ШАВИЈА: Да, да, Петров син.

РЕДИТЕЉ (*отет се отушта*): Ивица? Значи, Перо има талентованог сина.

ШАВИЈА: Френсис Форд Копола!

РЕДИТЕЉ (*скаче*): Чекај, он је редитељ!

ШАВИЈА: И ти си редитељ, па ако машташ о великим глумцима, како ти кажеш, громадама, онда мораш бити и велики редитељ.

РЕДИТЕЉ: Ти, ти, мораш да поквариш...

ШАВИЈА: ...Овако ти једино преостаје да радиш са нама, провинцијским глумцима. Зато прекини са хистеричним изливима бескорисног беса, који, ваљда једино овде смеш да покажеш. Велики редитељи имају велика муда, а колико видим твоје су гаће поприлично празне. Можда звецкају омањи кликери.

РЕДИТЕЉ: Тако?!

ШАВИЈА: Тако.

РЕДИТЕЉ: Добро. Од сада ћемо другачије! Идем ја до управника, па нека он расправи са вама. Зашто бих ја трошио своје драгоцено време на криминалце без талента и трпео увреде од некомпетентних имбецила кочијашког речника. Нека он лепо сиђе доле, ваљда ће знати да отпуши зачепљења у вашем нервном апарату. Очигледно ви дебело блокирате. Изгубили сте компас, момци! Тргујете поквареном робом!

ЈАКША (*уплашен*): Да ли то важи и за мене?

РЕДИТЕЉ: И за тебе! Солидарисао си се са овом битангом, као да ти је он идол! Крупни су захвати потребни на твом мозгу, чим си дозволио да један кројач без талента креира твој уметнички капут.

ЈАКША: Ти си ме, пријатељу, спутавао да га обуздам! Његова дрскост иде на твоју душу! Био сам на путу да га... (*Удара песницом у шаку.*) А ти. Шта то радите, шта то радите?! Он је конфликтна личност, зна само за чврсту руку и бридак мач.

ШАВИЈА (*Јакши*): Све указује на то да си ти кокошка са пилећим мозгом. Ко још данас посеже за силом? За силом? У позоришту? Овде је потребан бридак ум, а ти то немаш. Остао у пеленама. Појела маца. Или га никада ниси ни имао па није ништа нашла. Дошла да ручка, кад тамо, лобања празна.

РЕДИТЕЉ: Одох ја... ово је без наде. Лудило без наде да... (*Излази са сцене. Јакша и Шавија гледају за њим.*)

ЈАКША: Е, сад смо угасили.

ШАВИЈА: Зашто? Чињеница је да је он ислужени редитељ који може да режира једино преко везе.

ЈАКША: Ха, препотентни козеру. За све је крива твоја језичина!

ШАВИЈА: За шта? Шта те брине? Овај пајац?! Ма дај не...

ЈАКША: Очигледно никада ниси био на преваспитавању код управника. (*Хвата се за главу.*) Он примењује електрошокове. После третмана остајеш испраног мозга, без свога ја.

ШАВИЈА: Ти га никад ниси имао.

ЈАКША: Нисам? Е, од данас га нећеш имати ни ти.

ШАВИЈА: Тешко.

ЈАКША: Превише си самоуверен. Јеси ли ти чуо за Дропца из „Путујућег позоришта Шопаловић"?

ШАВИЈА: Како да не, па ја сам га играо.

ЈАКША: Кога он меси, од њега излази као издувано прдало. Е, када те управник пропусти кроз руке, изаћи ћеш као пубертетлија коме на првој провери мушкости курац није могао да се дигне.

ШАВИЈА: Теби не може ни данас, па то не схваташ тако озбиљно.

ЈАКША: Добро, видећемо!

ВЛАДИМИР (*чује кораке, намешта се у позу и почиње да говори текст из Годоа*): Па ипак... (*Пауза.*) како то, надам се да ти ово није досадно, како то да од четири јеванђелиста само један каже да је онај био спасен. (*Пауза.*) Ајде, бре, Годо? Врати лопту и ти једанпут – је л' да је ред? (*Јакша глупо гледа у њега.*)

ШАВИЈА (*излази из лика*): Јакша, није ваљда да опет не знаш текст?

УПРАВНИК (*улази заједно са редитељем и затиче Шавију како глуми, а Јакша тупаво буљи, ни-*

шта не схватајући): Шта то овде имамо? Неко се узјогунио па неће да игра? (*Гледа у Јакшу.*) Добио плату првака, па мисли да је елита, резултати ће доћи сами по себи, шта ли? Теби последњи третман очигледно није много помогао. Мораш на поправни!

РЕДИТЕЉ: Није само он. Шавија ми задаје проблеме.

УПРАВНИК: Шавија? Одлично, њега одавно желим да прихватим у своје наручје. Па птичице, изгледа да је дошло време?

ЈАКША: Било је све у реду док...

УПРАВНИК: Док нисте помахнитали од лоше ракије. Клуб је зло. И то ћу да затворим!

ЈАКША: Ја не пијем!

УПРАВНИК: Знам, знам! Шта? Не пијеш сирће?

ШАВИЈА (*види да је враг однео шалу*): Ја сам за конструктиван рад.

УПРАВНИК: Је ли? За конструктиван рад? Добро. Прво реконструкција, па онда конструктиван рад. (*Пада мрежа на Јакшу и Шавију.*) Хватај их! Реља, Срећко!

ПОЦО (*улази на сцену*): Ђи – ха! (*Тргне конопац на коме води Срећка.*) Цурук! Чувајте се, он је зао! (*Сви се окрену према њима.*) Према непознатим особама. (*Види нико не узвраћа и наставља збуњено.*) Да се представим: Поцо.

УПРАВНИК: Шта причаш! Пратиш ли ти уопште шта се овде догађа?

РЕДИТЕЉ (*уплашен да и њих не одведе*): Они су у реду! Хоће да раде. Са њима нема никаквих проблема.

УПРАВНИК (*гропадно*): А ти? Имаш ли ти проблема? Хоћеш ли ти да радиш?

ЈАКША, ШАВИЈА (*испод мреже углас*): Неће!

РЕДИТЕЉ (*уплашен за своју судбину, пошто управник креће према њему*): Ја... ја сам... то је само њихов јефтини трик! Не остављајте трупло без главе! Вапим!

УПРАВНИК (*враћа се*): У реду. Води! (*Обраћа се Рељи.*) Стављај ову двојицу на Срећка и води у моју канцеларију!

СРЕЋКО: Ја нисам кљу... (*Види да управник креће према њему, одустаје и прихвата се мреже, заједно са Рељом износи Јакшу и Шавију.*)

УПРАВНИК (*за њима*): Не заборави да прикључиш струју! (*Иде према уплашеном редитељу.*) Сад ћу ја то... (*Излази са сцене. Редитељ остаје сам. Полумрак, излази дечко за рекламу.*)

ДЕЧКО (*представе се рекламирају према постојећем репертоару*): Ансамбл се, као што видите, осипа. На репертоару имамо још осам представа. Надам се, сасвим довољно. Седмог, следећег месеца, можете гледати представу... у режији... Ух, што се ту можете лепо насмејати, само ако вам је до смеја. Не оклевајте и дођите, тако да се опет видимо. (*Пошао па се враћа.*) Како иде? (*Излази напоље*).

ЈАКША, ШАВИЈА (*пале се светла. Јакша и Шавија улазе загрљени и певају*):
Нас два брата, вртимо се у кругу,
Неправда нас ломи и кида нам гране;
Угледаћемо и ми једном дугу
Ваљда ће и нама ускоро да сване.

РЕДИТЕЉ: Зар већ... готово? Јесмо ли за рад?

ЈАКША, ШАВИЈА: Јесмо!

РЕДИТЕЉ: Знамо ли текст?

ЈАКША, ШАВИЈА (*у пару*): Перфектно!

РЕДИТЕЉ: Идемо! Прво ти Јакша.

ЕСТРАГОН (*изговара брзо*): Неће па бог! Јесам ли? И ја сам то мислио. Немој сад, немој сад! У једном јарку. Тамо. Макљали? Разуме се да су ме макљали. Иста? Не знам. Па шта онда?

РЕДИТЕЉ (*задовољан*): Одлично, одлично! Код овога: Па шта онда - увек си грешио.

ЈАКША: Па шта онда?
РЕДИТЕЉ: Молим?
ЈАКША: Само утврђујем градиво. Ништа лично.
РЕДИТЕЉ: Хм... градиво. Тебе као да су у основну школу вратили.

ШАВИЈА: У предшколско. (*Редитељ се сумњичаво упиљи у њега, а он наставља брзо текст из Годоа.*) Дакле опет си ту. Мило ми је што си се вратио и што те видим. Мислио сам да си заувек отишао. Најзад смо опет заједно? То морамо прославити, али како? Дижи се да те загрлим! (*Грли редитеља.*)

РЕДИТЕЉ (*брани се*): Полако, полако! То је за почетак добро. Текст знате. Сада се лакше дише. Идемо са дијалогом. (*Глумци заузимају почетне позиције и Јакша креће.*)

ЕСТРАГОН (*изува ципеле*): Неће па бог!

ВЛАДИМИР: Почињем да капирам то гледиште. Целог живота сам настојао да га се отарасим, говорећи себи: Владимире, буди разуман, ти још ниси...(*Сви застају и гледају у девојку која улази на сцену.*)

АНТИГОНА: Пре свега, твоју наредбу не сматрам јаком да божије законе можеш олако заобићи, па макар и био владар тебански, јер они нису од јуче, већ од вечности дати. Стога овде смело стојим пред тобом, пред народом и пред Зевсом – богом. Погубиш ли ме, ко добит казну примићу.

АНТИГОНА (*наставља*): Ко живи као ја, у безбројним јадима, жртвоваће чак и срце што бије у грудима. Нећу зажалити ако и ја тај удес доживим, али да моје мајке син без гроба иструне, то заиста не могу, чак ни да замислим и због тога, Креонте, за смрт не марим. Па чини л' ти се да сам лудо ишта учинила, казни ме најтеже пред окупљеним људима, а немој да трпим прекор лудости од лудих!...

ШАВИЈА: Ова не би могла на Сурчин да слети.

ЈАКША (*гледа редитеља*): Опет она твоја сестра. Мени треба концентрација, а не сурчинске стјуардесе.

РЕДИТЕЉ: Да рашчистимо. Немам ја никакву сестру, поготово не стјуардесу. Ово је монолог из „Антигоне". Античка трагедија је!..

ЈАКША: Стиди се сестре стјуардесе. (*У том моменту на сцену упадају стјуардесе, једна по једна, представљају се понаособ.*)

ЈУДИТ (*полунага, са капом компаније на глави.*): Јудит. Стјуардеса немачке компаније Луфтханса.

ШАВИЈА (*прискаче удворички*): Шавија. Првак овдашње драме. Љубим руке.

ЏЕНЕТ (*лако обучена*): Џенет. Стјуардеса америчке компаније Вал. (*Иде према Јакши.*)

ЈАКША (*покушава да побегне*): Јакша, првак овдашње драме. Шавија љуби руке.(*Показује на Шавију.*)

ЖАКЛИН (*улази уз наклон*): Жаклин. Стјуардеса француске компаније Ер Франс. (*Иде према редитељу.*)

РЕДИТЕЉ: Редитељ. Првак овдашње дра... (*Трже се.*)Шта се овде догађа?

ЈАКША: Дошле ти сестре стјуардесе.

ЏЕНЕТ, ЈУДИТ, ЖАКЛИН (*у глас*): Брате!!!

РЕДИТЕЉ (*не може да одоли њиховом шарму*): Сестре? Како да не! Дођите свом брату у загрљај! (*Љуби их понаособ у уста, све то прелази помало у вулгарности.*)

ЈАКША (*задихан*): Нисам знао да се сестре могу оволико волети!

ШАВИЈА (*подсмешљиво*): Нису се дуго видели, шта ли!?

РЕДИТЕЉ (*види да је претерао*): Ха... кх... хм... мислим, ово је ...

ШАВИЈА: Ништа, ништа. Само ви наставите да

се виђате! Ми можемо Годоа пробати и касније. Важнији су ваши родбински односи. Само наставите!

РЕДИТЕЉ: Није то ...

ЈУДИТ (*редитељу*): Да почнемо да се скидамо?

РЕДИТЕЉ: Свакако! Мммм... Зашто? Можемо и горе после...

ШАВИЈА (*прискаче да помогне Јудит*): Сад и овде! Тако је! Скинути се није никакав грех. Никако!

ЈУДИТ (*мазно*): Тако и ја мислим. Ја нисам од оних стидљивих, знате, лажнога морала. Ако то улога захтева, ту сам!

ШАВИЈА (*преузима иницијативу*): И ја!

РЕДИТЕЉ (*долази себи*): Каква улога? У мом комаду нема женских улога.

ШАВИЈА: Има, има како да не? Немој сада девојку да поколебаш у наступу. Представа без женске улоге? То... не може бити добар комад! То је тричарија!

РЕДИТЕЉ (*поколебан*): Ваљда ја знам...

ШАВИЈА: Не знаш! Да знаш, не би спречавао... (*Девојци.*) Како рече да се зовеш?

ЈУДИТ: Јудит. У овој постави. Јудит.

ШАВИЈА: Не бих спречавао Јудит да покаже свој... (*Бечи се у деколте.*) ...раскошни таленат.

ЈАКША (*брани се од Џенет*): Пусти ме, пусти...

ЏЕНЕТ: Јесте ли некад пољубили Американку?

ЈАКША: Не желим да...

ЏЕНЕТ: Ти кажеш: Не, никада нисам имао прилику.

ЈАКША: Зашто?

ЏЕНЕТ: Тако пише у тексту.

ЈАКША: У ком тексту?

ЏЕНЕТ: У Боингу, лудице!

ЖАКЛИН: Девојке, ово је некаква грешка! Овде имају три мушкарца.

ШАВИЈА (*гледа у Јакшу*): Њега не рачунајте. Он не постоји, он је ваздух!

ЖАКЛИН: А, тако! (*Прилази редитељу.*) А ти?
РЕДИТЕЉ (*збуњено*): Ја? Ја нисам ваздух!
ШАВИЈА (*почиње да се скида*): Сада је све у реду. Наставимо са скидањем. (*Гледа на сат.*) Ноћ је, време је за кревет.
(*Сви почињу убрзано да се скидају, осим Јакше. На сцену улази други редитељ.*)
РЕДИТЕЉ 2 (*горопадно*): Ту сте заjебани створови! Слуге нискога морала! Послужитељи извиканог куплераја. Преврнух позориште да вас пронађем, а ви, видим, пробате без мене. Похвално, похвално!
РЕДИТЕЉ: Чекај. Ја сам редитељ! (*Полази према њему да се упознају.*)
РЕДИТЕЉ 2: Ћут! (*Креће на колегу.*) Ћут, курво глумачка! Шта сам онда овде ја? Накинђурени лудак, а!? (Сви ћуте. Мушкарци држе панталоне у рукама, а девојке делове веша.) Хоћу да вас видим све поређане за хор! (*Распоређује.*) Напред девојке, назад мушкарци! (*Вади диригентску палицу и почиње да диригује.*) Хајде сви, мајку вам јебем хохштаплерску! Да видимо!
ЈУДИТ: Први!
ШАВИЈА: Други!
ЏЕНЕТ: Први!
ЈАКША: Други!
ЖАКЛИН: Први!
РЕДИТЕЉ: Други!
РЕДИТЕЉ 2 (*и даље диригује*): Браво, брво! Дотераћу ја вас, размажени сатанини следбеници! Умлатићу у вама сваку клицу охолости. Сређивао сам ја и опакије звекане који су се одважили да супротставе, своје скромно мишљење моме генију! (*Даје знак.*) Идемо!
ЈУДИТ: Јудит!
ШАВИЈА: Јудит!
ЏЕНЕТ: Џенет!

ЈАКША: Џенет!
ЖАКЛИН: Жаклин!
РЕДИТЕЉ: Редитељ!
РЕДИТЕЉ 2 (*скаче на редитеља и хвата га за врат*): Ти ћеш да ми квариш ову хармонију1 Ти, ти! Морам, морам да ти смрскам кости, а црева вежем око врата! Са твојим јајима ћу клицкере да играм.
ШАВИЈА: Таман.
РЕДИТЕЉ 2: Разбијаш ми концепцију, а тако смо лепо кренули, марво устаничка! Дижеш буну? Еее, неће моћи! Тебе ћу да утучем за пример! На тргу ће висити твоје млохаво тело, а вране ће кљувати ископане очи у смрти задовољне. (*Застаје.*) Имаш ли породицу? Јеси ли испилио какву дечицу?
РЕДИТЕЉ: Кх... кх... полако... Имам! Имам породицу, али...
РЕДИТЕЉ 2: Добро. Одложићу покор. Али, пази се, имам те на оку!
РЕДИТЕЉ (*долази до даха*): Колега, молим вас моменат! Сунце сија за све нас и својим зрацима грли наша хладна тела заштитнички. Птице извлаче предивне арије из божанског грла да удовоље свима.
РЕДИТЕЉ 2: Знао сам ја да си ти глумац.
ШАВИЈА (*подсмешљиво*): Краве дају млеко за све житеље ове планете!
РЕДИТЕЉ: Зашто не бисмо и ми поделили ансамбл? Мени требају ова двојица (*показује на Јакшу и Шавију.*) а остатак преузмите ви.
ЈУДИТ: Ја се не одвајам од срца ансамбла. (*Привија се уз Шавију*) Тако нам је топло овде.
РЕДИТЕЉ 2 (*бесан*): Шта?! Разбијаш ми јединствену целину! Ушприцаваш отров у здраве артерије победничког менталитета? Па то је... нечувено!
РЕДИТЕЉ: Морам да завршим Годоа, знате, везује ме рок. Време лети, а ја губим контролу над про

јектом. То није у мојој нарави. Само њих двојицу! (*Све девојке ужасно загаламише.*)

ЦЕНЕТ: Шта је, импотентни развратниче! (*Показује голу бутину.*) Ми ти нисмо довољно добре! Сада нисмо, а када си ме љубио имала сам утисак да си здрав, крепак мушкарац.

ЖАКЛИН (*подиже му браду*): И сасвим пристојне спољашњости.

ЈУДИТ: Чак си и неке непристојне предлоге имао на уму. Срам те било! Ми смо пре свега уметнице, па тек онда жене. Ти си то изгледа погрешно протумачио и преценио своје могућности. Хомићу!

ШАВИЈА: А не! Хомић је овде (*Показује на Јакшу.*) Многи су то јавно признали, зашто не би и ти?!

РЕДИТЕЉ: Девојке, на страну ваш уметнички дар, али ја режирам представу у којој нема женских ликова.

ЈУДИТ: Мушки шовиниста. Фуј!

ЈАКША: Мушки шовиниста? А, да!

ШАВИЈА: Шовиниста? Мушки? Не бих рекао.

РЕДИТЕЉ 2: Тишина!!! Ти, ти... (*Иде према колеги.*) Унесе ти раздор, унесе! Прокријумчарио си се као редитељ, па подриваш дрво из корена. Е, неће моћи. Сад си мој! (*Скаче на редитеља.*)

ЖАКЛИН (*скаче на леђа редитељу 2*): Пусти, пусти човека. Он је моја карта за каријеру!

ЈАКША (*хвата за врат Шавију*): Теби ћу ја пресудити!!! Ја сам твоја судбина.

ЈУДИТ (*скаче на леђа Јакши и цичи*): Половни мушкарчићу, ти ћеш... (*на сцени општи хаос праћен ужасном вриском. У том моменту упада управник, за њим иде лекар у белом мантилу. Упадљиво вуче једну ногу држећи у руци огроман шприц*).

УПРАВНИК (*упада међу руљу*): Ааа... ха! (*Сви се укоче и престаје вика.*) Расуло, опет расуло! Изигравате моје поверење! Довешћу ја то у ред. Кривце нећу понаособ тражити. Сви сте ви кривци, сви! (*Обраћа се лекару.*) Који је твој?

ЛЕКАР: Овај овде. (*Полази са шприцем према редитељу 2.*) Јутрос је побегао. Разбио стакло на петом спрату и искочио. Доле га је ухватила једна неидентификована старица и одвела у непознатом правцу. Вероватно мајка.

ЛЕКАР: Ха, отргао си се мајчиној контроли! Е, мени нећеш! (*Даје му ињекцију.*)

УПРАВНИК: Остали су моји? Баш добро! Бићете ви добар колектив. Реља, Срећко!!!

ПОЦО (*улази на сцену*): Ђи - ха! (*Уводи Срећка на конопцу.*) Цурук! Чувајте се, он је зао... (*Унезверен гледа гужву.*) ...према непознатим особама. (*Потпуно слуђен.*) Да се представим: Поцо.

УПРАВНИК: Ти баш ништа ниси научио осим тих неколико глупавих речи! Са тобом ћу касније! Терај ово! Товари на кљусе и терај у моју канцеларију. (*Истерује све напоље.*) Не заборави струју!

РЕЉА: Да ли ће напон издржати?

УПРАВНИК: Само ти води! (*Излазе сви, између њих се провлачи дечко за рекламу и излази на просценијум.*)

ДЕЧКО: Да ли је неко видео Годоа?

Моја самоконтрола изгуби на истрајности и како дечко изнедри питање, дрекнух колико ме грло носи: – Ја! – На овај испад публика се весело насмеја.

Овога пута нисам реметио ток комада тако да на неки начин испадох духовит. Када видеше да нисам успаљени тинејџер, већ зрела, озбиљна особа, сви одмахнуше главом и наставише ка излазу, успут коментаришући управо виђену представу.

– Ћопави лекар, то је Годо! – викао сам за момком који нестаде иза завесе.

Око мене није било ниКог. Закључих да сам последњи посетилац вечерашњег угођаја. Разводачица је чекала да напУстим салу како би закључала врата. Спустих поглед на седиште до мене. Наравно, према очекивању било је нумерисано бројем једанаест. Клонуше ми рамена, а ноге добише на тежини тако да сам се тешко вукао према излазу. Девојка ми пожеле лаку ноћ и закључа улазна врата. Могао сам да прочитам њене мисли: „Матори се лепо насПавао. Ништа зато, бар се отрезнио па ће безбедно стићи кући."

Не обратих пажњу на тај детаљ и кренух пут позоришног бифеа.

Још сам био под утиском комада, када ухватих за квакУ стана тражећи у џепу затурени кључ. На моје велико изненађење врата се отворише и ја наглавце упадох унутра. У мени се пробуди опрез. Био сам сигуран да сам врата закључао и два пута проверио сигурност урађеног. Најдном ми сину:

— Свезнајући језикословац! Мора да је он унутра. Опет ме изненадио и присилио да се дивим његовој непредвидивости.

Поред мог пса нико се неопажен није могао провући, а сада је он мирно хркао у ходнику, повремено испуштаЈући отегнуте звиждуке, што је сигуран знак да опет у сну јури за заводљивим кујама. Упалих светло приправан за сусрет. Тишина. Погледах у једну собу, затим у другу, онда ужурбано претумбах остатак стана, преврћући ормаре, избацујући прљав веш и одела из регала. На крају панично завирих у кантУ за смеће. Ништа! Уморан и бесан стровалих се у омиљену фотељу успут шутнувши пса, који ме, пробуђен из сна, изненађено погледа. По навици укључих телевизор, љут на себе што сам дозволио да моје биће окупира један лик створен само из пуке жеље за безграничним дружењем. Вечерас сам уморан и неспреман за бесциљну размену мисли, па ме тим више обрадова помисао да ја одлучујем када ће се појавити симпатична протува. Он јесте виртуозни хватач снова, али никако није имао право у тврдњи да ја не могу контролисати своју машту. Сигурно сам ЈА вечерас желео да он умеша своје прсте у представу, па је она исПала онаква како сам је, опет ЈА видео, што значи да је комад практично моје дело. Ово размишљање ме потпуно разведри, присили да чак и запевам, али на кратко. Поглед на телевизОр сруши моју прецизно изграђену кулу и натера да испустим даљински, који са треском пролете кроз под и заВрши у брачној постељи комшије испод мене. Са екрана ме подсмешљиво гледао познати лик. Скочих да угасим апарат, али он је већ седео у фотељи преко пута. Како нисам знао шта друго, лагано се спустих назад свестан да је прозрео мој неуспео покушај уздигнућа изнад новонастале ситуације. Глупаво прозборих:

– Добро вече.

Он је и даље, без покрЕта, радознало пиљио у мене.

– Први пут сте у мом стану. Чиме бих могао да вас послужим?

– Први пут? Мислиш?

Нисам знао куда даље. Све се у мени ускомеша и прерасте у огромну пулсирајућу лопту пред експлозијом. Гркљан пРитисну жилу куцавицу, и ојађен сазнањем да заправо никад нисам живео сам, осетих гушење. Тешко је после толико година схватити да неко има потпуну контролу над тобом. Одлучих да умрем. Онда ми паде на памет једна луда мисао:

– Шта ако он и смрт контролише?

Морао сам то да провЕрим, стога натерах себе да наставим живети. Самим тим дадох за право првој мисли. Дакле, ОН и смрт контролише!

– Он или ја? – запитах се у чуду.

Призвах у сећање ћопавог лекара из вечерашње представе. У њему сам препознао своје друго ја, мало нашминкан, али то је засигурно био ОН, или ЈА! Ако Годо контролише мене, значи и мој двојник је у истом положају. Из овога произилази да сам имао право указујући прстом на лекара и тврдећи да је то Годо. Нас тројица смо заправо ЈЕДНО. Само питања дају одговоре. Отворих уста да поставим питање.

– Не, не, не! Нећемо разговарати о томе што ти се мота по глави.

На покушај да наставим, он само одмахну руком.

– Не мораш ме убЕђивати. Уверен сам да је ниво твога знања завидан и да ти је контејнер у глави пун разумних мисли, али ипак то није довољно за разговор на који се, видим, припремаш. То је нешто велико, то је огромно, у то немој да чачкаш. Шта би помислио ако бих рекао да ти уопште ниси овде где мислиш да се налазиш?

Испред мене и иза мене асфалт. Идем. Не знам колико дуго путујем не знам ни колико ћу још дуго путовати. Само идем. Око мене бездан. Ваздух титра и носи измаглицу, јаких дречавих боја које се сваког часа мењају. Зачудо, то ми уопште не смета. Ни умор не осећам. С обзиром на то да нема умора, одлучујем да потрчим. Трчим! Без напора и било каквог напрезања, трчим. Мој трк је све бржи. Асфалт сада невероватном брзином промиче испод мојих ногу. Нема ни страха. Нема страха од бесконачне асфалтне траке. Нема страха ни од највећег страха, мајке свих страхова. А то је страх од страха. Одлучујем да погледам низ своје тело. Ја немам тело! Испод мене нема ничега. Само наслућујем тело, али оно не постоји. Ни то ме не брине. Ја сам слободан! Потпуно слободан. Човек који ненадано изгуби ноге и даље их осећа, не може ходати, али их осећа. Мора их осећати јер су предуго биле део цели-

не. *Тако и ја само нагађам и осећам где би требало да буде моје тело. Наслућујем мишиће у грчу и вратне жиле како се напрежу. Немам руке да опипам главу. Да ли је глава ту? Не, не верујем. Видео бих нос. Нос сам увек видео. Не морам имати очи да бих видео. Немам ни очи. Само ум. Само енергија која покреће разум. Ништа материјално, ништа... онда више нисам жив? Метафизика? Нисам жив, па шта? Ни то ме не брине! У даљини типтра тачка. Не могу да кажем да видим тачку јер немам очи, али тамо у даљини осећам црну тачку. Трчим још брже. То није трк. Ја само наслућујем да трчим. Ја пловим. Пловим према црној тачки која је све већа. Она је сасвим близу и ја могу да замислим њен облик, али мени се намеће само један. Лик и тело Годоа. Одбацујем лик и тело, остаје само ум. Његова харизма, његова енергија. Размењујемо мисли. Оне су празне. Значи нису мисли, само слобода, слобода...*

Фотеља постаје неудобна и ја се покренух. Отворих очи да бих закључио како сам потпуно сам. Телевизор је нападно шиштао и ја га искључих. Одједном ми више ништа није било тешко. Као да сам спавао дугим, пријатним сном, ослобођен свих брига, заблуда, несигурности, неповерења, свега...

Кренух према ормару спаваће собе да пронађем пиџаму. Био је отворен. Из његове мрачне утробе изађе полунага девојка, Антигона! Прође ми испод руке и лагано се упути ка излазу. Пас није реаговао.

6

„Паб" као и сваког петка дупке пун. Јужноамерички ритам допире из звучника и позива на магичну игру. Девојке окачене на улазу, смешкају се изазовно мамећи на добар провод. Скидох прву с реда и у лудом степу отплесах према столу у ћошку увек резервисаном за мене. Заправо за моје друго ја, јер он вечерас овде чека пријатеља из Подгорице коме је продао своју матору „бубу". Нога ме пробада од брзог ритма и стога реших да се примирим не би ли бол мало попустио. Ускоро ће и он доћи па се морам раније изгубити ако не желим да ме опет тестира тај матори давеж. Његових квизова ми је преко гЛаве, а и крвна слика ми је сасвим у реду. Не бих да ми узима крв и носи на анализу, а опет, много ме је интересовало како је прошао његов синоћњи сусрет са Годоом.
– Стигао си матори, а?
Окренух се и угледах власника локала.
– Стигао – изустих.
– Вечерас сјајно изгледаш. Бар за двадесетак година млађи.
– Стварно?
– Стварно! Него, видим да си нерасположен. Имам овде нешто доброг граса, авганистанац, па ако хоћеш...
– Ја не дувам!
– Опа! А откад ти не пиркаш? Или си већ налетео на мину?

Погледах га незаинтересовано.
– Добро, добро! Видим да си се већ урадио. Нећу да сметам. Кулирај!
Остајем сам. Вињак остаде да виси у ваздуху. И играчи око мене постају ваздушасти иселе се на плафон. Музика се тихо удаљи, скоро да је више нисам чуо. Притисну ме дубоко кајање и презир према самом себи. Већ дуго шпијунирам свог двојника и његово окружење, за рачун неких виших сила, а да нисам знао разлог нити сам проникао у зачуђујућу моћ недокучивог. Шта ме гони на то? Поодавно осећам гађење према оном што чиним, али и поред настојања да свему учиним крај нисам успевао да нађем право решење, довољно добро да ме извуче из зачараног круга. То је био један од разлога што сам вечерас овде. Мој двојник јесте досадан у свом епидемичном неповерењу, али нажалост потпуно је у праву. Ја нисам завређивао његову маленкост. Можда ће чешћи контакти са њим учинити да превазиђем сопствене слабости и кренем путем који ми он покаже? Ипак смо ми једно. Ја илегалац, он материјалан. Можда је притајени бунт разлог мојој шпијунажи? Можда и ја негде дубоко у себи желим свој живот, а не да само повремено ускАчем у његов и обавезно правим пометњу. Љубомора! Можда је присутна љубомора? Можда, можда?
Уђох у „Паб". Изненадише ме играчи на таваници, али не задуго. За мојим столом у ћошку седео је, замишљен, мој двојник. То ме обрадова. При нашем последњем сусрету био сам веома непристојан, па одлучих да искористим ову прилику и поправим тај непријатан утисак. Ово је био моменат. Пријатељ из Подгорице стиже за један сат, то је сасвим довољно времена да изгладим све неспоразуме на релацији мој двојник и ја. Мада ме љутило када неког затекнем за својим столом, овога пута нисам показивао

нетрпељивост. Плашило ме да он опет не оде ненадано и иза себе остави дилеме. Дилеме моје и његове, његове и моје. У бришућем лету стигох до стола. Моје друго ја се изненађено трже.

— Ха, опет нас двојица!

Било је то најуљудније што сам могао смислити.

— Добро вече створитељу мој. Грешио сам, много сам грешио.

— Све ти је опроштено.

— Ја сам био само убоги слепац пре него што сретох тебе, а сада сам уваЖени члан имагинарног света са тенденцијом да постанем једна од важнијих карика звечећих медаљона. Они су пут ка...

— Само тренутак. Све наше несугласице су проистекле из твога ћопавог хода. Прво то да рашчистимо, а онда ћемо даље. Откуд то да ти храмљеш, ако знам да никада нисам гељао?

— У реду. То је врло просто објаснити. Сећаш ли се рата '91. године?

— Како се не бих сећао!

— Сећаш ли се села Равно? Оног села које смо касније сравнили са земљом?

— Сећам, било је гадно!

— У јуришу, који је наредио онај слуђени капетан, ти си био међу првима док се ниси саплео и пао. При паду, по инерцији, ја сам излетео напоље и наставио даље. Тада сам примио метак теби намењен. Од тог времена храмљем. Касније су тебе пребацили у Билеће, а затим у Подгорицу са дијагнозом „нервно ситуационо реаговање". Нисмо се више срели до момента када си решио, у оној фабрици, да ми опет удахнеш живот и привијеш ме у своје наручје. Било је то за мене превише, одлучих да побегнем и оставим ти срцеПарајућу поруку. Данас се кајем.

— Како то да си остао тако млад?

— Просто! Онај аутопортрет који си насликао '78.

уградио си у слепца. Портрет се, наравно, није мењао.

– Добро. Дођи да те загрлим!

Узели смо вињак који је још увек лебдео између нас, поделили га на два дела и испили у једном даху. Наста кратка пауза, а онда он опет прозбори:

– Да ли ме примаш назад?

– Примам, како да не, примам. Без тебе нисам комплетан. И он полако уђе у мене. Зачух његове скоро неразумљиве речи:

– Никад више.

– Сад смо једно, сад смо опет једно! – мрмљао сам за себе када ми приђе газда.

– Матори, је ли те пустило?

– Шта?

– До малочас си био надуван к'о писак. Замисли, још ми кажеш како ти не пиркаш.

– Дај преврни један џокс, моја је ноћ.

Унутра је опет трештала музика, девојке су играле, а ја погледах у сат. Момир само што није стигао. Требало је путовати у Подгорицу. Није ми се ишло. Стање у коме сам се налазио могло се поредити једино са кликтавим тренутком доласка на свет.

* * *

Из топле утробе мајке насилно сам истеран на хладну, непознату планету. Зачудо, није ми било непријатно. Одмах се осових на ноге и затражих литар – литар да прославимо овај чудесни догађај. Прво сам наздравио мајци, онда браћи, сестрама и осталој многобројној родбини. Оцу сам у трену дао до знања да не желим бити његов син. Није се осећао угодно. Више због фамилије, неголи због себе. Мало се нећкао, али се брзо помирио са мојом одлуком. Онда је отац ставио ствари на леђа и отишао заувек. Мајка је неутешно плакала неколико дана и ја одлучих да јој нађем новог мужа. Од стотинак постројених ђувегија, поглед ми застаде на једном омаленом бркици, црне тршаве косе и уредно избријане браде. Позвах његове комшије (комшије увек најбоље знају) да ми испричају све о његовој нарави и на који начин зарађује за живот. Њихово излагање ме одобровољи и учврсти у намери да узмем баш њега за тату. Имао је све предиспозиције особе способне да одгаји једног вундеркинда, јединствен примерак детета које није заплакало када је дошло на свет. Пушио је, такође и пио, али, оно што ме посебно одушевило и натерало да преломим између њега и мрачног типа са једним оком на темену, била је невероватНа способност да данима не дише. Од тога смо касније направили велики посао. У периоду недисања све његове функције би стале и ја сам га продавао као свежег мртваца. У то време тазе покојници су били на високој цени. Наравно, после сахране, долазио је кући исцрпљен до најниже тачке, блиске колапсу, а ми смо у његову част приређивали дирљиве балове, играли ћораве баке и бацали новчиће у бунар жеља. Део прихода од ове нелегалне зараде ишао је за незбринуту децу у казнено-поправним домовима, а нешто у фонд ослободилаца града од најезде чудних звери, уништитеља зелене површине Великог парка. Много касније се испоставило да је то била стока једног обесног сељака из Биоске, који је због свађе са женом неверницом, одлучио да расформира домаћинство. Убрзо је фонд укинут. Ненавикнут на овакву врсту зараде, врло често се мој нови тата опирао, прижељкујући ново запослење. У периодима малодушности, давао сам му корисне савете после којих се он умирен предавао дубокој медитацији у ишчекивању нових муштерија.

– Не треба се опирати лудилу – говорио сам – уђи у матицу и пусти да те она носи. Лудило је једна врста позитивног хаоса и не шкоди ако се уноси у малим количинама. Дозираш га на каш**и**чицу. Једном седмично додаш мало креације и добијеш генија способног да превазиђе све мутације нестабилног система.

Временом се тата навикао и ко зна колико би све то трајало да се није догодило нешто непредвиђено. Једног дана нам ненајављено бануше у кућу агенти америчке тајне службе на челу са, тада још недовољно познатим, астрофизичарем Чарлсом Грилијем. Они извршише неколико тестова на оцу, после чега ће он заувек изгубити своју необичну моћ. Недуго затим нашли смо га у летњиковцу имања на селу, без знакова живота. У првом тренутку помислих да је у стању припремна вежба, међутим, како ни после годину дана није променио првобитни положај, морао сам у оп**ш**тини извадити смртовницу и упокојити несрећника. Била је то права сахрана. Додуше, након пар година, неке избеглице са Косова су ми причале како се доле појавио црномањаст човек, који се издаје за мртваца. Покушао сам преко комесара за избеглице да добијем подробније информације, међутим све је то некако ненаметљиво прекрио вео тајне. Примио сам неколико добронамерних порука у којима је дословце стајало: „Пусти покојнике да почивају, трећеразредна информација не подразумева и истину!"

Унутра је било неколико новчаница.

– Узми себи слаткише и играј се са децом.

Тада сам имао седам година и било је време за полазак у школу.

* * *

Неко ме задлани у пределу врата и ја се тргох. Преда мном је стајао крупан дупли торзо човека у кожном мантилу. Гледао сам збуњено час у једног, а онда у другог и са напором покушавао да спојим два лика у једну целину. Функције у ценТралном систему које врше ову радњу биле су уљуљкане дејством канабиса и ја беспомоћно отресох главом не бих ли их покренуо и натерао да изврше идентификацију на задату тему. После краћег нећкања програм је прихваћен, фигуре фокусиране и уз напор спојене у једно. Указа се брадати, иронични лик Момира Газиводе, студента Београдске академије, одсек глума и недореченог студента Новосадске академије, одсек режије. Лице ми се озари. Бацих му се у наручје, мада он није био склон љубљењу, ваљда зато што га је у младости злостављао неки матори дупељубац. Сузе ми пођоше на очи када видех колико је пропао од нашег последњег сусрета. Без претеривања, његова килажа се вртела око стотинак килограма заједно са тешким, кожним мантилом. Знајући да је сто педесет норма, све ово ми се учини опАсним по његово здравље. Док је седао, Момир исприча да ради на једном великом и захтевном пројекту и тиме моју бригу баци у складиште отпадне мисли, где се налазе све моје неаргументоване сумње. Како ми се ноћас у Подгорицу није ишло, тим пре упрегох своју ораторску вештину, убеђујући га да пут одложимо за сутра, и одморни кренемо пут еколошке државе. Наравно, свој говор поткрепих наручивањем десетак девојака различите доби, не бих ли му вече учинио што пријатнијим.

Заваљен у столицу, проматрам како се у ритму самбе Момир разуздано свлачи, док дугмад са шлица, ослобођена, лете задимљеном просторијом. У мисли ми дође лик његове деВојке, отресите и смерне скадарске виле, те не могох а да се не насмејем. Када би неким случајем видела ово, сигурно би отрчала кући, пронашла очев затурени џефердар и једним хицем убила скота. Веселу атмосферу, наједном, поквари мисао: „Да ли ћу ноћас код куће бити сам?"

Знао сам да ОН не воли публицитет, као уосталом ни ја. Опет, то што ОН чини са мојим нервима није се смело занемарити. Покушавам већ данима да се навикнем на те његове акробације, да предвидим фактор изненАђења које он тако вешто камуфлира и застрашујућом прецизношћу подмеће тамо где немам одбране. Користи свако опуштање да би наметнуо свој режим игре и окренуо изоштрени шиљак луцидног ума према незаштићеном делу моје мисли. У томе му очигледно помаже мој респект. Ту је био у предности и ту предност безумно користио. Мој проблем је моја несигурност.

Погледах према подијуму за игру где је Мошо изводио зачуђујуће фигуре у стилу највећих мајстора самбе.

Нешто ме копкало. Упутих се до телефона.

– Да ли сам опчињен? Можда.

Окретох свој број. Са друге стране жице зачу се мој пас. У својој наивности сам поверовао да ће се јавити Он.

Мошо је сада био на врхунцу својих моћи. Фрапирала ме енергија којом је успео да сломи све девојке, осим једне климактеричне бабе. Девојке су пљескале седећи на поду, а витална баба је одолевала свим Момировим налетиМа и парирала у убитачном ритму. Ово ме заинтересовало и потпуно окупирало сва чула. Морао сам честитати победнику. Кад, гле чуда! Бабине наслаге сала, на очиглед присутних, почеше се топити, гардероба спаде и она остаде у изазовном доњем вешу. Њене облине су могле равноправно да се носе са еротиком исфорсираних девојака из *Плејбоја*. Када је то Мошо видео, паде на колена исплаженог језика и епилептично преврну очима. Баба одигра круг око њега како би оверила победу и прозбори, мени, а богами и Момиру, препознатљивим гласом:

– Фукаро погана, јебаћу матер и теби и овОм овде! – при том показа прстом на мене, што ме натера да у трену дођем себи и примим део кривице на своја плећа.

– Кад следећи пут решиш да бесниш, не мораш ићи овако далеко.

Затим преврну пар столова, опали шамар газди који је покушао да је задржи, и изађе у ноћ.

У кафићу наста мук. Чак и музика стаде. Била је то Момирова скромна дева из Додоша на Скадру. Уједно, то је био и недискутабилан знак за разлаз. Власник рупе прикупи девојке са пода и окачи их на чивилук, затим намести столове и приђе Газиводи да наплати лом. Ја дођох себи и као добар домаћин прискочих да регулишем насталу штету проузроковану нихилистичким понашањем иначе смерне скадарске виле. Толико о смерности.

Стојимо пред мојим вратима. Иза мене чучи покуњени Момир коме више није до ритма и блуза. Опрезно притегох кваку. Врата су била закључана. То ме избаци из колосека, терајући крв на јуриш кроз вене, што у глави направи барицу идентичну мрљи просутог мастила. Притајена претња можданим ударом? Врата сам свесно оставио отворена како би дао до знања мом ноћном посетиоцу да и ја имам смисла за ненадано. Нажалост опет је он први задао ударац. Момир осети да нешто није у реду и потражи одговор на мом лицу. Издадох оштру команду. Изнутра се зачу комешање, затим тресак обореног ормара за ципеле, потом гребање, а онда шкљоцну брава правећи несносну буку. Пас нас радосно дочека, махну репом и оде на своје место. Криомице погледах око себе трудећи се да не узнемиравам утученог госта. Међутим, Газивода одмах замоли за постељину. Није хтео ни да презалогаји што ме врло изненади. Волео је добар оброк.

– Навиј сат, идемо рано! – викну из моје радне собе и за собом затвори врата.

Остадох сам. По инерцији седох у фотељу и незаинтересовано укључих телевизор. Нисам био толика будала да поверујем да ће се ОН опет појавити, али морам признати да сам у неком затуреном кутку дремовне свести очекивао већ толико пута приређено изненађење. Самим тим што сам, прижељкивао његову појаву, морао сам знати да ОН неће доћи. Била је то само мала игра интелектом, само тренинг. Први, други, трећи канал. Ништа. Програм је одавно завршен. Пребацих на „Палму". Тамо се вртео трећеразредни порнић немачке продукције. Када већ хтедох да угасим апарат, пажњу ми привуче симпатична бринета моћних бедара која је управо јахала куратог момка, млохаве мушкости и сумњивих година. У моменту она забаци косу, глумећи екстазу, а ја поскочих из фотеље, пробих плафон и нађох се у спаваћој соби збуњених комшија. Пожелех им угодну ноћ и констатовах да је бринета заправо Момирова девојка. Ритмичне покрете које је правила гледао сам недавно у дивљем плесу ноћног клуба у ком је извргла руглу и мене и мог госта. Свему још увек није дошао крај. Сада се боље загледах у њеног партнера и то ме докрајчи. Бркати господин отвори очи и задовољно шмрцну.

– Мој тата! – коначно је пронашао стално запослење.

7

Бежим. Гониоци су близу. Осећам њихов дах за вратом. Зашто јуре мене? Не знам. Знам само да морам побећи. Рано је за смрт. Чујем како раскалашно халаучу, осећају близину жртве. Дамари на мом врату брекћу, хоће да експлодирају и упусте ваздух. Притежем их рукама. Ноге су ми све теже. Покушавам да прескочим омању живицу. Не успевам. Падам и котрљам се низ стрмину. Зауставља ме, болно, камена громада. Ништа не видим од крви и зноја. Трљам рукама очи. Оне пеку. Дижем се са напором и настављам даље.

„Ваљда су и они уморни од гоњења? Можда ме јуре на смену?"

Леву ногу вучем за собом као да није моја. Чујем лавеж. Они имају псе. Онда ми сигурно нема спаса! Морам покушати! Морам! Испред мене је вода. Ако уђем, пси не могу пратити траг. То је добро! Висока трска ме крије од њихових погледа. И то је добро! Вода је хладна. Ако успем да заварам траг, можда ће одустати? Неће! Дресирани су да стигну оног ког јуре. Стадох. Нећу више да бежим! Окренух се и погледах први пут иза себе. Назирем им контуре. Био сам даље него што сам мислио. Можда сам могао побећи? Нека. Брзо ће ваљда доћи крај. Могу да им разазнам лица. Шта они то раде? Сврставају се у једну врсту!? Настављају даље. Већ су близу мене. Један по један у трку пролазе кроз моје тело. Пролазе и пси. Губе се у надолазећој магли. Крећем за њима. Они су бржи. Одмичу. Посустајем и падам.

Дижем се са пафором. Окрећем се на леђа и гледам у небо. Магла се лагано подиже и ја угледах сунце. Сунце је црно. Гониоци иду у сунце. Оно ме зове. Нешто ме диже и ја лебдим. Не осећам више ништа. Летим све брже ка црном сунцу. Све је веће, прождире ме. Пропадам у црни понор. Значи, тако изгледа крај?

Тргох се из сна. Био сам улепљен знојем. Пођох руком према ноћном сточићу где се увек налазила чаша воде. Отпих гутљај, а остатак просух по постељи. Руке су ми дрхтале. Завалих се на јастук, са рукама под главом покушавајући да се приберем од ноћне море. Толико сам енергије уложио бежећи, да нисам могао да се ослоним на ноге.

– Вињак ми очигледно шкоди. Враћа ме у мрску прошлост!

* * *

Подгоричка централна болница за прихват рањеника. У њој сам подвргнут лекарској контроли. Конзилијум у саставу: пуковник Петровић – неуропсихијатар, мајор Пешић – психолог и капетан Крупниковић – психијатар, тог дана изговорио речи које болно одјекнуше у мојој свијести.

– Ви, господине, од данас не смете ни кап алкохола да попијете ако желите још да живите у љубави са остатком разума. Живот смо вам спасили, делиријум је иза вас. Унутрашњи органи су сасвим у реду, али нервни систем има потешкоћа да се избори са најездом депресивних мисли, тако да је ово за вас крај и рата и боемског живота. Реците му слободно збогом. Јавите се свом лекару да вам одреди терапију. Пред вама је сада дуг пут рехабилитације и привикавања на сасвим други начин живота.

Ове речи ме погодише жешће него гелер мрског непријатеља и ја у очајању завапих:

— Може ли рука? Ево, дајем руку, ногу, било који уд, узмите бубрег. Бубрези су сада на цени, потписујем даћу бубрег само немојте тако!

— Шта причаш? Дај, уозбиљи се младићу – проговоРи пуковник Петровић, председник комисије и са својим тимом изађе напоље. Остадох сам.

Затворих очи и у сећање навреше слике из не тако давно прошлог времена.

Вукојебина босанско-херцеговачког крша. Лежим на ледини. Око мене су пријатељи, ратници: Ђоле Инвазија, Пајо Алва, Змијанац, Буква Јамаха, Керкез Дробеж... Ко смо ми заправо? Банда, војсКа, партизани, четници?! Ко би то знао!!! Кроз главу ми пролази слика из једне позоришне представе.

За столом седе матори Југ Богдан и осам Југовића. Седе и пију (пиће је саставни део било ког рата), када упада за трпезу један од синова и саопштава оцу како су се Турци утаборили и шенлуче пред одлучУјућу битку и како то неће бити обична битка.

— Оче, ово није обичан рат. Они воде џихад, верски рат!

Матори Југ Богдан га гледа испод ока и вели:

— Не сери, сине, какав верски рат. Сви ратови су исти.

Лежим и размишљам:

— Боже како се историја понавља. Шта ли би сада рекао Југ Богдан?

Прихватам ранац. Вадим једну од многобројних флаша и нагињем. Цуг је велики. Ускоро празну флашу одбацујем у страну, она удари у камен и пуче. Непријатељ се наједном узнемирио и отворио ватру. Пуцамо и ми. Са њихове стране прораде тешка артиљерија, фијукну граната, експлодира баш на меСту где сам лежао и направи огроман кратер. Диже се непрозиран дим из кога испузах грчевито стежући ранац. Отресам чакшире и пљујем блато из уста.

— Значи, тако?

При упаду у једно од многобројних, пресликаних, села налетели смо на задругу крцату робом. Док су остали купили сухомеснате произведе и клали мештане, ја пронађох раф са вињаком. Летеле су из ранца гаће, кошуље, мајице, поткошуље и остали веш! Планирао сам овај рат брзо да завршим, тако да ми преобука није била потребна. Превнух пивску гајбу, импровизовах сто и преКрих га одбаченим гаћама. Флаше поређах, као на траци, у правилан низ. Негде сам нашао чаше, како би све било на нивоу. Наточих две и изговорих здравицу. Мисли су ми биле далеко. Наједном ми лаган шум привуче пажњу. Латих се пиштоља. Испред мене стајаше прелепа девојка крупних очију, изразито моћних сиса и тананог струка. Очи ми напустише дупље и кренуше заједно са рукама у том правцу. Њој задрхташе ноге, затим се и цела фигура одвоји од земље а она испружи руке према мени, као да ме зове, и поче да се губи према периферији села. И ја се одлепих од монтажног стола и полетех за њом. Летели смо преко поља, листопадне шуме, да бисмо избили на пропланак где се указа кућа беле фасаде и зелено офарбане столарије. Она отвори врата и ступисмо у ходник. Кад помислих да ме је ту довела из жеље за добим кресањем, показа ми, у углу смештен, телефон! Ово је била прилика да се јавим кући. Читала ми је мисли. Подигох слушалицу. Она се уз смешак упути ка старинском креденцу, пружи руку и извуче једну од фиока. У мени прорадi инстинкт у клопку ухваћене звери. Испустих слушалицу, извадих револвер и пођох према њој. Наједном јој се лице промени из смешка у ружну гримАсу, образи заиграше и глава пуче на два дела. Од једне се формираше две са изразом мржње у очима. Прискочих ормару и опалих два пута. На поду остадоше трупла непријатеља што ми је радио о глави. У фиоци нађох два хеклера.

Ноћ као у гробу. Конвој камиона пун је муниције и оружја, фарови су угашени, мотори нечујни. Мој вод је у обезбеђењу. Довољан је један ћик и сви одосмо у ваздух. Аветињски ветар реже крајолик и премешта брда. Ранац и вињак између мојих ногу, тик су до пушке. Флаша се привикла на ратно стање, научила дисциплини и сама, по потреби, квасила суво грло. Наједном нестаје мрака, хиљаде светиљки се пали, блиставе асфалтне траке показују правац кретања. Налазимо се у подземном магацину. Његов положај је строго чувана тајна. Наста ужасна трка, војници почеше утовар камиона. Све је морало бити брзо и прецизно урађено. Ја гледам у Зеку. Он на моје очи расте, шири се. Постаје огроман, толико тежак да не може ни асфалт да га држи. Окреће се од мене и одлази према зачељу конвоја. Асфалт пуца под његовом тежином и ноге му тону у земљу, али он иде даље. Сада већ гази толико дубоко да му ноге замичу до колена. ПлаШим се за њега, добар је борац. Одвајам се од каросерије и крећем за њим. Сустижем га, заустављам, окрећем према себи и разгрћем његов шињел. Он држи цигарету у руци, а око паса везан сноп динамита. Сусретоше нам се погледи и он проговори:

– Овако даље не може, командире.

Ево где лежим овде и држим у руци отпусну листу далеко од пријатеља и још чујем болну вест, да је са прошлошћу завршено, завршено за сва времена.

Како то да ме је издао нервни систем када сам био убеђен да ћу завршити са метком у глави? Можда лекари греше? Сада ћу лепо устати, и за почетак, игнорисати мисао што ме одговара од наума. Отићи ћу у болничку амбуланту, пронаћи флашу доброг алкохола и оспорити тврдње маторих прдежа. Ослоних се на лактове и онда усправих у седећи положај. Глава ми полете увис и одвоји се од тела.

Главна артерија је спречавАла да не одлети у васиону. Одозго са висине погледах у кревете око себе. Већина рањеника је спавала, уљуљкана дубоком наркозом. Искрадох се нечујно напоље. Около је заслепљујућа белина исфлекана крвљу оних који нису имали среће. Почех да њушим. Њух ме је увек непогрешиво одводио до боце. Међутим, то чуло у овом случају није било од корисТи. Све је мирисало на алкохол! Одлучих се за варијанту два... срећу.

Напомена: Отпусна листа се конзумира уз роман!
(Лупа је обавезна или наочари са великом диоптријом.)

Отварам насумце врата. Унутра, на столу лежи човек, а црева му висе разбацана по просторији. Једно око му је лежало у необичној посуди, до пола напуњеној зеленом течношћу и молећиво гледало у мене. Човек је био расечен од грла до карлице. Није давао знаке живота, мада сам из овог угла могао видети његово срце како се рита. Ребра су штрчала увис, белих врхова, као да је кожа била премала да их у потпуности прекрије. Око њега стајало је пет-шест људи,

са ножевима у рукама. Нисам могао да гледам овај призор клања. Већ је превише невиних заклано. Са криком излетех напоље и потрчах низ дугачак ходник. На крају ходника сударих се са медицинском сестром. Она паде, испусти из руку прибоР за бријање и заједно полетесмо низ бетонске степенице. Нађосмо се у мраку. Ја укресах упаљач, а она из широког деколтеа извади свећу. Светло обасја просторију. Окретох се око себе и угледах бурад са вином уредно подељеним на: банатски ризлинг и мостарски мерлот. Сестра погледа увис, када угледа моју главу одвојену од трупла, врисну, скочи и изврши мали захват. Убрзо је све било готово. Објасни ми да је то њен допринос овом крвавом рату и љубазно упита:
– А шта ви тражите овде?
– Ту негде ми је испала манжетна од пицаме, покушавам да је пронађем.
– Немојте дуго – процвркута и грациозним ходом оде уз степенице.
– Када нема жестине може и вино, мада оно изазива горушицу! –прошаптах и отворих прво буре.
Љубичаста копрена исплетена од вештачке материје, као ореол је титрала око моје главе. Црна птица провуче своје крваве канџе кроз кривотворени облАчић и одшарафи запекло теме. Убрзо, поклопац спаде и напоље покуља усирена крв, болесни вишак мозга престрављеног нетактичним понашањем свога господара. Испрепадани нерви провирише напоље да се надишу свежег ваздуха. Управо то је чекала грабњива птица, отвори кљун и најнеопрезније похвата у једном хипу. Остатак се уплашено разбежа без икаквог реда. Очи се услед насталог вакуума преврнуше за сто осамдесет степени и са погледом изнутра командоваху повлачење усплахирених нерава. Мала вајда. Мисли се, без икакве контроле, растрчаше ходницима лобање изазивајући незадрживу пани-

ку у валовима, што изазва потпун крах нервног апарата. Ту помоћи није било.

Отворих отежале капке. Био сам опет везан. До мене допре узбуђени глас рањеника из суседног кревета.

– Докторе, покушао је да устане и наједном... Бацакао се по поду добрих петнаест минута. Нико од нас није могао да му помогне. Особље се налазило на компликованој операцији несрећника који је изгубио око и пао низ степенице, ту доле, на крају ходника.

У мом видокругу појави се забринута глава пуковника Петровића.

– Не брини и то је прошло. Мали повратни удар. Сада ће све бити у реду

* * *

У стварност ме врати једнолично шуштање славине праћено бучним потоком воде из водокотлића. Устадох уз напор и направих два-три несигурна корака до ладице са малом приватном апотеком. Из ње, без плана, узех десетак таблета различитих облика и боје, не марећи каква им је намена. Затим затетурах и уђох у купатило да заменим Момира на WC шољи. На даску намењену за гузицу поставих главу и рукама чврсто загрлих постоље у страху да ме невидљиве силе не одвоје од ње.

Из мене изађе пола литра зелене текућине са којом безвољно кренух низ канализационе цеви, пуне оштрих кривина и скривених замки у облику:

а) вагиналне вате;

б) малих, оштрих длака чекињастих брада мојих комшија;

ц) остатака попушених цигарета различитих марки и година производње.

Изненади ме колико ту мало говна има. Убрзо

избих на главну цев у коју су се утапале све мале цевке из околних зграда. Из сваке од њих се појави бар по један сапутник исцеђен од ноћног живота. Поздравих великомученике, а они узвратише; неко уљудним климањЕм главе, а неко скидањем шешира, или пригодном псовком. Пут настависмо заједно док смо препричавали згоде из претходне ноћи. Успут смо јебали матер грамзивим кафеџијама, који нас уместо пристојним „шнапсом" служе отровом произведеним у скривеним дестилеријама пропалих студената хемије, несуђених наследника њихових далеко славнијих претходника тровача. Угојени пацови су нам правили друштво и помно мотрили на сваког од нас, не би ли приметили трагове умора, што би био знак за немилосрдни напад, бескрупулозно комадање малаксалог ноћобдије и сурово ждрање његовог испошћеног тела.

Подигох руку и зграбих убрус. Нека те страшне слике стану. Из огледала ме проматрао непознати лик, избечених очију и беоњача прошарараних црвеним капиларима. Велики подочњаци, пуни неиндетификоване течности, са потцртаним, у плаво обојеним круговима, употпунише слику физичКог пропадања безумног рецидивисте. Згађен, истрчах напоље. Удобно заваљен у кожну фотељу, седео је Момир и прелиставао моје недавно написане рукописе.

Уђох у кухињу окорелог нежење, крчећи себи пут кроз разбацане цегере, из којих је вирило увело поврће, насилно отргнуто из своје природне средине. Из напрслог лавабоа повирише прљАви тањири убеђени да је куцнуо час да поново заблистају у пуном сјају и покажу бар нешто од пређашњег сјаја. Четворооки шпорет, са испрсканим ринглама, једини показа вољу да ме послуша. У тренутку тумарања хаварисаном кухињом он упали своје најмање око и вода зачас провре.

Халапљиво отпијам врелу текућину, са тенденцијом да испечем отеко грло, кад зачух Момиров драмски глас. Кроз ваздух запливаше живе речи из мојих списа:

– У позоришту је владало постпремијерно опуштање. Било је присутно у сваком куту реновираног клуба, изниклог из руина старе столарске радионице, као и у гардеробама где су глумци под тушевима скидали нагомилани зној и прашину скупљену на сцени. Тако је било и у уметничким радионицама одакле је изашао већи део костима, перика, реквизита и осталих елемената потребних за играње оваквих комада. Уђох у клуб и заузех слободно место у углу, супротно од звучника из кога је допирао промукли глас Ајзака Хејса, помало извитоперен због лошег квалитета аудио траке. Овде сам ушао да потврдим или демантујем себе, да саслушам још нечије мишљење о управо одгледаној премијерној представи. У једно сам био сигуран; лекар из комада се неће појавити на скромном коктелу, који се по традицији приређује у част званица. Он је прерушени Годо! Он је вукао конце марионета на сцени. Он је сатанизовао Бекетово дело својим интервенцијама циркуског кловна, довео глумце у непријатан положај, мада се хипнотисана публика одушевљавала њиховом игром и бурним аплаузима поздрављала синтетичке гегове. У овој раздраганој гомили, нисам осећао његову имагинарну силу па је и мени глава била бистрија, а ум радознало ишчекивао коментаре самих актера, као и дела позваних гостију различитих оријентација и сензибилитета. Управник, као глава куће, први узе реч. Самоувереним покретом намаче наочаре на нос у видљивој дилеми да ли да одржи један од оних досадних, емоцијама набијених говора или да иде на ону краћу, духовитију и, у већини случајева, ефектнију варијанту. Одлучи се за ово друго. У кратком духовитом излагању пуном гестикулција, при чему му отпаде рукав новоскројеног капута, упути комплименте комплетном ансамблу, али не издржа а да посебно не похвали лик управника у креацији контроверзног глумца склоног алкохолу и перманентном увлачењу у дупе челницима града. У природи сваког управника је да ласка колективу, па ово уопште не узимам за компетентну критику, већ схватам као креативан покушај величања природе глумачког посла, са циљем да се обезбеде средства за наредНи пројекат. Одмах после њега присутнима се обрати домар зграде говорећи нешто о узгоју пчела у зимском периоду и кратким освртом на убиство трута после обављања задатка, то јест полног општења са женком. Вероватно би он свој елаборат исцрпно презентовао до краја, да га не прекину контроверзни глумац у покушају да преко њЕга допре до управника и објасни му суштину теорије Станиславског; о суптилној нити прецизне игре двоје партнера при модерној поставци масовних сцена. Већ сам помислио да се нико неће одважити и проговорити коју реч о разлогу окупљања дотичне господе, кад зачух из прикрајка узбуђени глас пригодно дотераног парногрејача. Он на перфектном српском упореди вечерашњу игру нашег ансамбла са бродвејском поставком истоименог комада, коју је на пропутовању кроз Њујорк имао срећу да погледа. Затим прозБори још неколико речи о колективном неговању сценског говора. Запањујуће тачно, са додатним ентузијазмом, имитирао је шмирантске способности главног актера, стављајући акценат на гастрономско цепање урбаних дијалога, супротстављено колосалном монологу грациозне Антигоне. Опет ни речи о срозавању Годоа, тако да се запитах да они којим случајем не дискутују о сасвим другој представи наопако протумаченог пајтоновског хумора. Овде је уједно био и крај званичног дела приређеног коктела. Народ се опусти и почеше играрије без граница. Моје мисли су пловиле неким сасвим другим водама у покушају да открију перфидну игру завереника сећања, а моје сећањЕ је панично упозоравало на аргументован опрез. Свака идеја о могућем објашњењу изврдавања и прикривања очигледног краха почетне замисли, наилазила је на тврд зид раздрљене нелогичности. Ако су се сви уротили против мене, што је немогуће, јер јединка није могла бити у праву супротстављена већини, онда је све много чистије и говори да сам прешао границу реалног и упловио у воде лудила.

Ако сам луд, не значи да сам глуп! Лудило не подразумева глупост, а овде је јасно да глупост предњачи над здравим расуђивањем. Када се све просеје у ситном ситу голих чињеница на дну остаје само једно мало зрнце. То зрнце сам Ја. ЈЕДИНО САМ ЈА ЗАВЕДЕН! ОН је опчинио само мене. Ја сам његов опитни кунић!

Да бих некако заварао горак укус у устима, проузрокован овим сазнањем, сву пажњу концентрисах на приватну представу усталасане гомиле. Како је време одмицало, слике у клубу биле су све морбидније. Двојица глумаца су се грчевито држала за нестабилан шанк. Из пластичних ноша пили су другоразредну ракију и непристојно подригивали. Под ногама им је лежао редитељ, неспоСобан да прихвати мекани јастучић који му је под главу потурао контроверзни глумац у жељи да му се допадне. Редитељ је млатарао рукама и бранио се од многобројних душебрижника, рушитеља његове нестабилне психе и злочестих кључара надахнуте маште. У једном моменту он се врати у стварност и оштрим погледом прострели снисходљивог глумца, да би одмах потом, сматрајући да је испунио задатак, пао у дубоку кому. Несрећни глумац затетура два-три корака уназад и шчепа управника за начети рукав како би избегао понижавајући пад. Ипак паде, а спорни рукав му остаде у згрченим прстима. Ојађен, рањене сујете и не видећи излаз из ове деликатне ситуације, стрпа у уста компромитујући материјал, на брзину га сажвака, и прогута у једном залогају. Кад виде шта је учинио, осмехну се тупаво, подригну пар пута и уз извињење отрча у кројачницу, одаКле ће донети запрепашћеном челнику куће за два броја веће штофано одело. Осрамоћени управник пропаде у земљу одакле му је бојажљиво вирила само глава. На другој страни седела је и у пијанству недодирљива првакиња драме. На поду до њених ногу клечао је њен удварач и пио вино из елегантне ципеле. Давала му је само мрвице из препуне ладице љубавних понуда, резервисаних за одабране. Он очигледно није био тај. На тренутак престаде да га кињи и чежњиво баци један од својих неодољивих погледа према младом писцу. Наједном, одлучи да погази свој понос, одгурну у страну неспретног удварача, устаде и својим спектакуларним ходом крену према њему и театралним му гласом понуди брак. Он се у првом тренутку нећкао, а потом узе своју изабраницу у наручје и однесе пут цркве. Успут покупише пренераженог удварача да им буде кум. Атмосфера после овог изненадног чина запрети да пређе у досаду, али позориште не би било то што јесте да нема увек свежих актера спремних да устAјали просек подигну на виши ниво. Овога пута то је учинила недавно примљена уметница која је скочила на два састављена стола у средини клуба и урадила шпагу као увод у своју авангардну тачку. Затим јој неко додаде чивилук уз који она започе свој заносни плес. Увијала се божански, уз музику, доводећи до екстазе цењене госте ненавикле на неканцеларијски призор. Управник искористи ову прилику да се извуче из своје рупе, а редитељ се врати међу живе и пискутавим гласом нареди организован аплауз.

    Овде Момир прекину читање и загледа се у мене. Био сам сувише уморан да му дајем било какво објашњење, покупих папире из његових руку и упутих се према својој радној соби.

8

Аутомобил је надмоћно гутао километре једноличног асфалта, а мотор задовољно прео. Момир је удобно заваљен мирно дремКао, а ја окупиран досадом укључих радио не бих ли чуо вести и сазнао да ли су Шиптари претходну ноћ били добри. Монотони глас спикера потврди моју стрепњу да су опет неконтРолисано дивљали у области Дренице, тражећи своју државу. Наставих да вртим дугме тражећи добар рокенрол, када ми руку заустави познат глас:

– Твој критички осврт на моју предстАву није ништа друго до упорно, тврдоглаво, бесмислено трагање без јасних намера. Упињеш се да победиш у боју непријатеља без лица.

– Како без лица? Противник си ти, приЈатељу, и више пута смо се срели! – продерах се у звучник.

Био сам оПет затечен. Нисам осећао, бар за сада, никакву напетост нити притисак у глави. То ме је изненадило и уједно орасположило. Можда зато што сам знао како ћу да прекинем и не дозволим никакво иживљавање. И тако блесава конверзација крену. Сама помисао да је блесава учини ме задовољним.

– Ти си сликар несреће у сну, који води двоструки живот: дању несхваћеног уметника, а ноћу изгУбљеног дилетанта, и готово без препрека прелазиш из лика у лик. Заборављаш једно. Тешко је на рушевинама илузија саградиТи нови свет у недостатку старог. Бацаће деца камење за тобом да би прогнала из улице креатуру која несувисло прича и труди се да изгледа нормално.

– Да ли ћеш им ти помагати у томе? – промрмљах свестАн да никада нисам био прибранији у разговору са њим.

– Не, не – рече као да дубоко размишља, а онда настави:

– Изградио си систем одбране и мислиш да је то оружје. Не видиш колико је болест узела маха, па задовољНо грицкаш остатак разума. Не могу ти помоћи наочари, јер болест није изазвала светлост, већ рефлексни удар погрешнЕ идеологије. Олакшање би ти донела радикална реформа и ослободила разум великих питања. Покушај да моје речи слушаш као добар савет и немој се упињати да им парираш. Тим чином беЗглаво срљаш у бездан. Осећаш победоносност и видљиви су трагови помодног миленаризма који су тако чести код фанатичних пророка што неуморно предсказују скору пропаст, немиНовне катаклизме, судбоносну апокалипсу... а пошаст си заправо ти. Скупљаш крпице знања и правиш бомбу којА ће уз јеку прогутати само тебе. Ампутирај чежњу за недоступним и храни своје тело ембрионом скромности, тако ће канцерозне ћелије саме изумрети.

– Баш ти хвала, докторе, данас се никако не осећам добро – реЧи су спонтано изашле из мене.

Иако сам знао да је он у праву, никако то нисам хтео да признам. Дуг пут је био испред мене и нисам желео да га проведем у дестабилизирајућој псИхози. Зато промених станицу што, наравно, није помогло.

– Знаш шта је врло важно? – сада је то био чврст, одлучан глас чији сам тоналитет добро заПамтио.

– Да не оставиш потомке. То је важно!

Све сам очекивао, али ово не. Нисам могаО да дођем себи. Чврсто стегнух волан и осетих како не владам мислима. Крикнух чудним, извештаченим гласОм:

– Шта то треба да значи? Дижеш руке од мене? –

мој глас је постајао све јачи. – Хоћеш да кажеш како сам луд и стога не треба да имам поТомство. Луд... а... ти... ти – међутим, из звучника се није оглашавао он већ тиха, смирујућа музика.

У бесу изгубих контролу над возилом и ударих у козу која је пасла поред пута. Коза одлете увис, где се задржала неколИко минута, а онда са треском паде Момиру у крило. Мошо се у паници трже и при том махинално отвори врата да би у следећем моменту ударио у крајпуташ брkatog делије са црногорском капом на глави. КоЗа је прекрштених ногу седела на месту сувозача. Нагло прикочих, марвинче излете кроз ветробран, а ја се у риверц вратих до ошамућеног сапутника. Изађох из аутА и затекох Момира како неутешно плаче и заштитнички грли окрЊен споменик. Кроз сузе ми саопшти да је то његов заборављени предак. Нисам био сигуран да ли су сузе радоснице и посвећене сенима давно погинулог јунака, или можда жал за окрњеном плочом, која је толике годинЕ одолевала зубу времена. Но у сваком случају, заридах и ја одајући почаст времену великих хероја. Док смо јеЦали на трави и покушавали да се примиримо, приђе нам коза и саопшти да смо на територији Црне Горе, те нам затражи личне исправе. Завршисмо те формалности и кренусмо даље. Сада је Момир возио сматрајући да му дозвола није потребна у дивљим пределима његовог завичаја. Колашин је одавно био иза нас. Наставимо уским тунелима кањона Мораче, када Мошо изненада застаде испред једне оштре кривине.

– Овде морам да направим тунел – саопштИ ми одлучно.

– Немој Мошо за име бога – завапих молећиво.

– Не, не, овде морам направити тунел у спомен мога претка и назвати га: „Тунел племена Газивода!" Нема друге!

Како ни сва моја говорничка вештина није помогла, помирих се са одлуком, завукох главу међу рамена и уз тихо мрмљање молитве коју, руку на срце, наизуст нисам знао, предадох се у руке најмлађем и ваЉда најлуђем из племена Газивода. На запрепашћење људи из колоне аутомобила, уз жесток тресак уронисмо у тврду громаду да би затим почели незаустављиво понирати. Јак пљесак ме натера да отворим очи. То је уједно био крај нашег лета пропраћеног френетичним аплаузом људи начичканих на ободу литице. Настависмо даље низ дивље вирове реке, док смо повремено избацивали воду из аута што се однекуд ту затекла и претила да нам укваси доњи веш. Овде саобраћај није био густ па смо имали више времена да уживамо у природним лепотама овог краја гледаним из необичног угла. Пријала нам је ова несвакидашња вожња и све би лепо прошло, да се наједном иза стеновите кривине није појавио патролни чамац рибочуварА на чијем прамцу је, утегнута у уско скројену униформу, стајала нико други до коза. Одмери нас искусним оком ловца истанчаног њуха. Оштрим гласом нареди да изађемо из аута и покажемо своје дозволе за дневни риболов. Били смо затечени. Сви наши покушаји да објаснимо несрећни сплет околности, падоше у воду када она хитрим покретом извади из аута позамашну пастрмку. Не преостаде нам ништа друго већ да се латимо новчаника. Овај догађај нам је покварио расположење и остатак пута пређосмо ћутећи.

9

Седим у Момировом комфорном стану и држим у руци последњи роман Светислава Басаре. Сама помисао да се налазИм у Подгорици, учини да се на неки уврнут начин осећам учесником тих мистичних догађаја, некако блиских мом начину раЗмишљања. Једна мисао притискала је мој ум, копкала, бургијала и ни под присилом није хтела напоље. Колико су догађаји из овог романа стварни, аутобиографски, а шта је плод маште писцА. Што сам више размишљао о поменутој књизи и њеним актерима, то је у мени сазревала одлука да учиним крај свим недоумицама и кренем страницама исписаног романа пут Будве, да пронађем толико хваљени киоск на јадранској магистрали и једном за свагда решим своје дилеме. У собу уђе Момир и затече ме како пакујем свој ранац. Погледа у књигу бачену на тросед, затим у мене, а онда упита зачуђеним гласом:

– Куда?

– Посао смо завршили, ауто је ту, а ја сада морам да идем.

– Зашто изненада? Остани још који дан да скокнемо до Скадра.

– Не, морам да идем овог тренутка. Веруј ми, овај нагли одлазак нема никакве везе са твојим гостопримством, једноставно морам да идем.

– Нећеш ми рећи у ком правцу? – подиже са троседа књигу и настави: – Претпостављам!

Пружи ми роман и дозволи да га огромни вентилатор одвуче у пријатну хладновину својих лопатица. Отворих двадесет четврту страну и уђох у књигу.

Ишао сам пешке метарским корацима. Прецизност је моја врлина. Извадих из ранца карирану марамицу, наквасих је водом из војничке чутурице заостале из не тако давно завршеног рата и прилепих је на узаврело теме. Ово ме врати двадесетак година уназад, када сам, као млад, крстарио овим просторима, само што се тада моје теме није назирало од дуге косе. На сваки звук аута, скакаО сам у страну преплашен да ми неко не скине скалп, а онда се уз осмех присетио да скалпове једино још узимају на филму. Валовито море ме није привлачило. Имао сам своје море у заБорављеним гудурама ванземаљског пејсажа златарских језера, али сам киоск са тако примамљивим пилићима и хајнекен пивом морао да пронађем. Већ сам их видео како се, онако истурених груди, као да имају главу, прободени од тртице ка врату, поносно шепуре и својом заводљивом бојом маме изгЛаднеле туристе и понеког залуталог стопера. Данас људи језде у својим скупоценим аутомобилима, тако дА су стопери врло ретка појава. Све више сам веровао у аутентичност Басарине приче, пошто сам у ваздуху осећао (или бар желео да осетим) мирис тих кљуцавих врагова, божансКих дарова изумируће флоре. Пиво ме није привлачило, с обзиром на то да сам био присталица жестоких напитАка који, без много церемоније, обарају са ногу и срозавају свест на тако ниске гране да се данима стидиш постојања, али живина, и то још млађана! То је већ нешто друго. Поцуре ми вода на уста.

9.999.986...9.999.993...9.999.997...Мора да сам близу ...9.999.999... 10.000.000. Ту сам! Погледах увис...Свет се сруши и ја клонух на огроман, паркинг. Велелепни мотел заигра око моЈе главе са видљивом намером да ме смрви и остатке распири по асфалтној површини.

Све је била лаж, обмана, гнУсна обмана! Он никада није јео пилиће испред киоска на јадранској магистрали и пио хајнекен пиво са својим пријатељем.

Ова истина ме је тешко погодила. Извадих из ранца роман „Looney Tunes" и поцепах га, стРану по страну, на двеста десет комада. „Значи, тако се пишу романи? Од данас не верујем писаној речи" закључих у себи. Више нисам осећао глад. У трену омрзнух пилиће и одлучих да изведем диверзантски напад на све пивнице ове мизерне државе, а колИко сутра запалим и моје белешке започетог романа.

– Господин Годо је био у праву! Све је лаж! Све је илузија! Како да се привикнем на стварност? Исусе, помози! – завапих у грозници.

Огроман облак се надви нада мном. Из њега потече љигава маса одвратног мириса, прекри мој мускулус и повуче га увис. Нисам се опирао. Било ми је свеједно. Погледах паркинг где је оСтао улепљени ранац. Поред њега лежало је нечије беживотно тело. Знао сам, био је то мој двојник! Безоблична маса начини удове у облику канџи и растргнУ моју физичку конструкцију на више комада. Комаде су повезивале танане тетиве, и понеки нерв уклештен између напрслих костију. Утроба покуља напоље. Како је била повезана са осталим органима, застаде и тако остаде аветињски да виси док је еластично вибрирала, закачена за поломљено ребро. Кроз направљен отвор испаде срце, смежурано и празно као кеса осталог друмског разбојника. Зачудо, још је куцало.

Осетих хладну воду на свом ужареНом лицу и чух узбуђене гласове. Отворих очи. Изнад мене је стајало вансезонско особље новосаграђеног објекта. Покушах уз напор да се придигнем, али ми то не пође за руком. Притрчаше дебеле куварице и плећати конобари, шчепаше ме испод пазуха и уз притајене коментаре поведоше према улазу.

– Вероватно некаква протува! Има их у ово доба године. Траже запослење.

Хтедох да им кажем да ме пустЕ и оставе да умрем, али ни гласак се не оте из мог сувог грла. Предадох се и климатах уморно за њима. Тада ми пажњу привуче, уочљива, мермерна плоча на улазу у мотел.

– **Овде се Светислав Басара уроњавао са господином Вуковићем!**

Пилићи су опет замирисали.

БЕЛЕШКА О АУТОРУ

Радојко-Лако Веселиновић је рођен 1952. у Ужицу.

Сликa.

Пише прозу и позоришне драме.

Ради у Народном позоришту у Ужицу.

Објављен роман „Човек у тами" – Београд: Просвета, 2001.

Награде: Награда за драму „Тунел" на конкурсу „IV Југословенског позоришног фестивала".

Награда за причу „Пад" на конкурсу „Милутин Ускоковић".

Драма „Ментална Хигијена" постављена на сцену ужичког Народног позоришта 2003.

Лако Веселиновић
ПАСИВНА ЕУТАНАЗИЈА

Уредник
Милисав Савић
Мирјана Милосављевић

Ликовни уредник
Ратомир Димитријевић

Илустрација на корицама
Лако Веселиновић, *Близак лудилу,*
уље на платну

Графички уредник
Слободан Тасић

Издавач
Издавачко предузеће Просвета а. д.
Чика Љубина 1, Београд

За издавача
Верица Ракитић

Штампа
Штампарија *Лайчевић*, Ужице

Тираж 500 примерака

2003.

ISBN 86-07-01439-0

Пласман
Tel. 011 / 184-386; 181-645
E-mail: prosveta EUnet.yu
Web site: www.prosveta.co.yu

CIP - Каталогизација у публикацији
Народна библиотека Србије, Београд

886.1-31

ВЕСЕЛИНОВИЋ, Радојко
   Пасивна еутаназија : роман / Радојко
Лако Веселиновић. - Београд : Просвета,
2003 (Ужице : Лапчевић) . - 115 стр. ; 21
cm

Тираж 500. - Белешка о аутору: стр. 111.

ISBN 86-07-01439-0

COBISS.SR-ID 106935564

www.ingramcontent.com/pod-product-compliance
Lightning Source LLC
Chambersburg PA
CBHW071713040426
42446CB00011B/2038